Stéphane MARTIN

Nous sommes éternels

Ce livre est naturellement dédié à mon fils, mon ange d'amour et de lumière, mon étoile filante éternelle, mon âme rieuse.

Il est aussi dédié à tous les parents ayant perdu un enfant : puisse l'énergie de Dieu vous guider dans votre parcours et vous donner la force de transcender votre souffrance.

Il est enfin dédié à tous les enfants de l'au-delà.

Vous êtes tous nos enfants bien aimés.

« *La vie est un instant, un souffle. Nous n'emportons de ce monde que l'amour que nous avons donné et que nous avons reçu, la joie, la tendresse et rien de plus* »

Auteur inconnu

REMERCIEMENTS

Je remercie avant tout mon ange pour m'avoir redonné à moi-même. Il n'existe pas de mot assez fort pour te dire combien je t'aime.

Mes remerciements les plus sincères également à ma famille et belle-famille et notamment ma femme, ma fille (la grande sœur de mon ange) et mon petit dernier (le petit frère de mon ange), mes parents et particulièrement ma mère qui m'a toujours soutenu et fait confiance dans ce parcours spirituel.

Comment ne pas remercier aussi Martine Thouez (alias Natty Thou) pour son humanité, son amour, sa profondeur d'être, sa singularité, pour toutes les canalisations qu'elle a pu faire avec mon fils. Tu es un être exceptionnel Martine et tu le sais, on peut vraiment parler de rencontre d'âmes, il n'y a pas l'ombre d'un doute. Merci pour ton aide ô combien précieuse, merci pour la lumière que tu as dans le regard et dans le cœur et que tu as apportée à ma vie.

Merci à Christine Rousseaux qui est la première vers qui je me suis tourné en comprenant que la mort ne pouvait être autre chose que la vie sous une autre forme. Tu m'as tant apporté. Merci infiniment Christine.

Merci à sa fille Sabine Jacob, qui m'a apporté tout autant. Merci Sabine pour ta bienveillance. Merci d'avoir servi d'intermédiaire dans ces messages avec l'au-delà et en particulier avec mon ange.

Merci à l'Association *« L'Envol d'un Ange »* et à toute son équipe pour le travail formidable qu'ils font au quotidien, pour l'amour et l'espoir qu'ils instillent depuis tant d'années dans le cœur des gens.

Merci à Sonia Barthod pour son accompagnement dans cet éveil spirituel, pour son professionnalisme, pour son écoute, pour son humanité. Une rencontre d'âmes également. Sonia tu es la bienveillance à l'état pur. Je te dois tellement.

Merci à Coralie Bonnat pour avoir été une pierre angulaire dans ce parcours et dans mon évolution. L'humanité serait meilleure s'il existait des personnes aussi douces, compréhensives et tolérantes que toi Coralie. Merci pour qui tu es.

Merci à mes amis Laëtitia Coste et Bruno Fourdrinier. Nos rencontres étaient loin d'être fortuites. Vous êtes parfaits. Merci les amis. Merci d'être entrés dans ma vie. Restez surtout tels que vous êtes.

Merci à Vanessa Berth pour son écoute, sa générosité et sa sensibilité.

Merci à Sarah Nour pour sa gentillesse, sa guidance, son écoute et ses conseils.

Merci à Pascal Destercke pour son aide et sa lumière.

Merci à Françoise Hierthes pour son incroyable clairvoyance, son énergie, son humilité, son rayonnement et son amour.

Merci à Magali Bresson pour son écoute et ses conseils avisés.

Merci à Manu Delpech et Lisa Béranger pour la séance de TCI réalisée avec les guides de mon fils : vous le savez déjà mais vous êtes d'une aide et d'une contribution sans précédent au développement de la transcommunication instrumentale (TCI).

Merci à tous mes amis et amies et toutes celles et ceux qui m'ont soutenu ou aidé de près ou de loin dans ce parcours spirituel et que j'oublierais de citer (d'avance désolé pour cela !).

Vous avez tous été dans l'amour et dans le non-jugement. Merci pour cela.

Et merci enfin à Annie Besson, pour son aide et ses conseils dans l'écriture de ce livre. Merci à l'Univers de l'avoir mise sur mon chemin. Vous êtes un ange sur Terre Annie. Que Dieu vous garde.

PREFACE

Ce livre insiste avec beaucoup de rigueur et d'humilité sur des notions essentielles concernant la Nature divine et la nôtre. Avec pédagogie et un langage simple, accessible à tous, qui ne s'embarrasse pas de termes qui seraient hermétiques pour beaucoup de personnes et selon sa volonté de porter un message compréhensible pour le plus grand nombre de personnes, Stéphane Martins définit Qui est Dieu (ou ce qu'est Dieu) et qui nous sommes (ou ce que nous sommes).

Le chapitre trois propose une analyse très détaillée et élaborée de la Nature divine et de la nôtre. Il explique en détail que nous ne faisons qu'un. Cette approche bouscule les croyances habituellement admises et demande de la part des lecteurs d'aborder ce livre avec un esprit ouvert à une compréhension différente.

Les explications de ce chapitre sont primordiales pour comprendre Qui est Dieu et qui nous sommes. J'avais à cœur de le mettre en évidence car à lui seul il montre le chemin à suivre pour notre réalisation.

Chaque chapitre souligne un aspect de la Nature divine. Ils démontrent notre relation à Dieu et notre unité avec Lui sous différentes facettes.

De nombreuses compétences de l'Energie divine sont abordées. Chacun pourra trouver des explications qui éclaireront sa conscience d'une nouvelle compréhension. Chacun pourra se sentir en harmonie ou non avec certains aspects de sa Nature et pourra ainsi définir ses propres convictions et créer sa propre réalité.

Ce livre montre le grand cœur de Stéphane Martins. Il est animé par l'Amour inconditionnel et nous sentons toute l'application qu'il a mise à être clair. C'est une marque de respect pour les lecteurs qui sont en recherche d'explications qu'ils pourront comprendre.

Cet ouvrage de valeur constitue une base de réflexions possibles. Un outil qui permet de faire des expériences enrichissantes pour l'évolution des consciences.

Annie Besson

AVANT PROPOS

J'ai passé cette dernière année à ouvrir des portes et à en fermer d'autres. À poser des questions, à chercher des réponses, avec énormément de souffrance, de remise en question. J'ai vidé complètement mon verre sans savoir de quoi je le remplirai. Il m'en a fallu du courage. J'ai pleuré, j'ai aussi souri, j'ai crié intérieurement, j'ai remercié..., tant de fois.

Je me suis livré entièrement, tel que je suis, sans artifice. Je suis bien incapable de faire semblant d'être qui je ne suis pas.

J'ai eu des signes, de très beaux signes et de très beaux contacts avec l'invisible, tous plus magnifiques et incroyables les uns que les autres. J'ai compris que j'étais guidé mais aussi que j'étais le seul qui pouvais me sauver. Je ne sais plus si cette dernière année j'ai vécu un an ou si j'en ai vécu dix. Sans mon fils présent physiquement à mes côtés, que c'est dur. Dieu sait que c'est dur. Mais toujours avec lui quand même auprès de moi, énergétiquement, par l'amour.

Depuis son départ, j'ai cherché avec sincérité le sens de la vie et cela m'a amené, après de nombreuses aventures et bouleversements, à créer le projet « *La Voix de Messagers* », en partenariat avec mon amie médium Martine Thouez (Natty Thou).

Je ne sais pas si j'ai trouvé le sens de la vie car j'ai compris que la vie n'a de sens que celui que l'on décide de lui donner au quotidien. Mais j'ai trouvé sur mon chemin autre chose de plus important grâce à mon fils: le sens de l'amour.

Est-ce que l'amour n'est pas finalement le sens de la vie ?

Je crois bien que oui.

C'est au fond une façon de répondre à la question. L'amour est réel. C'est d'ailleurs la seule chose de vraie car c'est ce que l'on est fondamentalement. Tout le reste est superflu ou dénué de sens sans amour.

La Vie c'est l'Amour, c'est la Liberté, c'est la Vérité, c'est notre déité à l'œuvre. Nous aurons l'occasion d'en parler dans cet ouvrage.

À ceux qui poseront la question :

« Pourquoi est-on sur Terre ? »

je leur répondrai très simplement qu'on y est pour au moins une raison fondamentale: aimer. Pour donner de l'amour et en recevoir. Et c'est une raison suffisante. Je crois que nous n'en avons pas besoin d'autre. Les autres raisons découlent toutes de celle-ci.

Peu importe que nous soyons sur des niveaux vibratoires différents: le cœur ne connaît qu'une seule et unique vibration et c'est celle de l'Amour.

Certains chapitres de cet ouvrage pourront vous surprendre voire vous choquer.

Je vous livre ici ma vérité. A vous de construire la vôtre.

Je vous garantis néanmoins une chose : j'ai mis toute ma sincérité, tout mon cœur et toute mon âme dans la réalisation de ce livre.

J'ai versé des larmes, à plusieurs reprises, car l'écrire m'a imposé de refaire toute la chronologie des événements depuis le départ de mon fils. Ce livre c'est mon parcours, ma connaissance, mes ressentis et ma vérité. En vous l'écrivant, je vous ai livré une part de moi-même. Ce livre c'est mon âme à nu, tout simplement.

Puisse-t-il vous aider dans l'expérience que vous déciderez de faire de Qui Vous Êtes Vraiment.

INTRODUCTION

Mon fils est parti le 30 juillet 2023, d'un accident de piscine à domicile. Il allait avoir dix-neuf mois.

Un départ programmé.

Mais cela, je ne le savais pas encore, même s'il ne m'a fallu que quelques semaines pour comprendre que son départ n'avait rien d'un accident.

Quelques semaines avant son départ, je couchais comme chaque soir ma fille (mon aînée) et son petit frère (mon ange) en leur faisant chacun un bisou sur le front et en réalisant quelle chance j'avais d'avoir ma fille et mon fils auprès de moi.

En quittant la pièce, une voix intérieure m'a dit : « *Tu vas perdre un de tes deux enfants* ».

J'ai pensé à ce moment-là que je me parlais à moi-même. Je m'en suis voulu d'avoir eu une telle pensée. Je ne comprenais pas comment une telle idée ait pu me traverser l'esprit.

Je n'ai réalisé que plusieurs semaines plus tard que l'invisible m'avait en réalité prévenu de ce qui arriverait. Sans doute s'agissait-il de me préparer, même inconsciemment, à l'événement qui allait se profiler.

Suite au départ de mon ange, j'ai rapidement réalisé que ce n'était pas un accident, je n'y croyais pas une seconde. Mon âme me dictait qu'il y avait quelque chose de « plus », qu'il y avait quelque chose de supérieur et de plus profond à tout cela.

J'ai cherché des réponses à notre existence en tant qu'êtres humains.

D'où provenons-nous ?

Pourquoi sommes-nous ici ?

Qu'avons-nous à accomplir ?

La vie n'a-t-elle pas un sens plus profond que celui que bon nombre de gens semble lui attribuer ?

Sommes-nous réellement faits pour naître, vivre et mourir et ce faisant disparaître à jamais ?

Je ne prétends pas avoir aujourd'hui toutes les réponses, loin de là.

Personne ne les aura jamais totalement car notre niveau de conscience terrestre est à des années-lumière de l'immensité et de la complexité foisonnante des réalités spirituelles de l'Univers ; Univers que vous pouvez d'ailleurs plus familièrement appeler « Dieu » pour les intimes.

La nature de Dieu sera expliquée plus loin. De cette nature découleront les vérités sur la vie et la mort que nous allons évoquer ensemble.

Ce que je peux vous dire à ce stade c'est que toute vérité naît de l'expérience que chacun en fait.

Nous sommes ici sur Terre pour faire l'expérience de Qui Nous Sommes Vraiment. Cette expérience nous la faisons librement.

Et c'est à travers nous tous que ce qu'on appelle « Dieu » fait l'expérience de Lui/Elle-même.

De la même façon, vous ferez votre propre expérience des « vérités » que contient ce livre. Votre expérience pourra être semblable ou différente de la mienne.

Je ne cherche pas à vous convaincre mais à vous faire part de mon point de vue, qui n'est rien d'autre que mon niveau de perception de la réalité.

Votre libre arbitre et votre niveau de conscience feront le reste.

CHAPITRE I

LES SIGNES ET LES MANIFESTATIONS

L'élément déclencheur a été le contact médiumnique réalisé chez Christine Rousseaux le 14 septembre 2023, un mois après le départ de mon fils.

J'avais pris conscience au fond de moi-même que ce départ était lourd de sens et que tout ne pouvait pas s'arrêter à l'absence physique de mon fils dans notre réalité matérielle.

Je savais qu'il continuait à vivre sur un autre plan, je n'imaginais pas qu'il ne puisse pas en être ainsi. Je ne saurais malheureusement vous l'expliquer avec des mots. Mon « moi » physique l'ignorait. Mon « je » véritable le savait.

Moi qui n'avais jamais baigné dans le vaste milieu de la spiritualité, bien qu'ayant toujours été introverti et passionné par les questions philosophiques et métaphysiques plutôt que par les sports de balle, j'ai au départ contacté une première médium qui finalement a décliné ma proposition de rendez-vous pour des raisons de santé. J'ai compris plus tard que cela ne devait pas se faire. Ce ne devait pas être « elle ».

Il fallait que ce soit Christine Rousseaux.

Christine m'a accueilli chez elle le 14 septembre 2023 et a immédiatement identifié les causes du départ de mon fils : « respiration, eau, noyade ».

Elle m'a même dessiné sur une feuille le doudou de mon fils.

Elle a su que j'aurais également un 3ème enfant suite à ce départ car ma femme était alors enceinte de mon petit dernier car nous avions décidé de « répondre à la mort par la vie ».

Elle m'a expliqué que j'étais une vieille âme et que nous avions conclu un « contrat d'âmes » avec mon fils. Que dès lors, son départ était orchestré avant nos incarnations respectives, le tout à des fins d'EVOLUTION, toujours. Tout ceci vous sera expliqué plus loin dans l'ouvrage.

Elle m'a dit que mon fils n'avait pas souffert. Il a été accueilli directement par son arrière-grand-mère et par d'autres personnes situées sur un niveau vibratoire élevé. Il est monté directement vers la lumière.

Il est heureux et sautillant, comme il l'était sur Terre.

Ce départ était programmé et je vous l'expliquerai plus loin en détails quand je vous dirai que LE DEPART DE TOUTE ÂME VERS L'AU-DELA SERT TOUJOURS LE PROGRAMME D'AUTRES ÂMES RESTEES SUR TERRE.

La veille de ce contact médiumnique, je me rappelle avoir vu l'écran de mon téléphone en mode avion s'allumer tout seul sur ma table de chevet.

Et la nuit du 14 septembre 2023, soit le soir même du contact médiumnique, les premières manifestations sont apparues.

Mon jean en équilibre parfait sur la chaise du bureau de ma chambre est tombé seul, non au pied de la chaise mais environ un mètre plus loin.

J'étais fatigué et je n'y ai pas prêté attention plus que ça. Je me suis rendormi.

Pendant la nuit, je me suis vu flotter juste au-dessus de mon corps et me suis observé ainsi pendant quelques secondes furtives, en voyant mon corps dormir sur le lit, allongé sur le ventre, le visage sur l'oreiller.

J'ai ensuite ressenti une vague de vent frais me parcourir le corps, des pieds à la tête, sans pouvoir vous dire si je la ressentais depuis mon corps ou en tant qu'observateur à l'extérieur de moi-même.

Quoi qu'il en soit, la sensation était réelle, ce n'est pas juste un rêve et je le savais.

Le lendemain, j'ai écrit à Christine Rousseaux pour lui faire part de ces premières manifestations et elle m'a répondu que je ne devais pas en avoir peur, qu'il était possible que lors d'un premier contact médiumnique de telles manifestations puissent se présenter. Elle m'a aussi dit que le vent frais sur mon corps était un signe de mon fils : une étreinte d'amour qu'il souhaitait me faire, probablement pour me remercier d'avoir cherché des réponses, d'avoir cherché à entrer en contact avec lui, d'avoir écouté mon âme en ouvrant la porte de l'invisible qui plus jamais ne se refermera.

Des signes et des manifestations, j'en ai eu depuis tant d'autres.

Mais j'ai pris la peine de vous décrire ce premier contact car de là tout a démarré.

Je suis depuis devenu ami avec Christine et sa fille Sabine, toutes les deux médiums. J'ai participé à plusieurs contacts médiumniques et événements organisés par leur magnifique association « *L'Envol d'un Ange* », au sein de laquelle j'ai réalisé d'ailleurs une conférence sur « *le Deuil Paternel* » en janvier 2024. Dans le cadre de cette conférence, mon fils était d'ailleurs présent avec moi et mes amis Natty Thou et Bruno Fourdrinier m'ont annoncé après la conférence que le visage de mon fils apparaissait au-dessus de mon épaule gauche pendant mon discours.

J'ai également contribué à apporter mon témoignage dans le 3ème ouvrage de Christine.

Sabine m'a également contacté (par l'intermédiaire de Christine), peu de temps après le 14 septembre 2023 en me transmettant une photo prise depuis la caméra du lit de sa fille où l'on voit en transcommunication visuelle deux visages : un visage de bébé (mon fils) et un autre d'une personne plus âgée, de sexe féminin, avec des cheveux frisés et des lunettes. J'ai immédiatement reconnu le visage de l'arrière-grand-mère de mon fils (celle qui est venue l'accueillir le 30 juillet 2023 lors de son départ).

Coralie Bonnat est ensuite intervenue dans ma vie.

Comme le disait Paul Eluard, *« il n'y a pas de hasards, il n'y a que des rendez-vous »*.

J'ai contacté Coralie car elle était une ancienne cliente et je savais qu'elle était tatoueuse.

Je n'étais pas tatoué jusqu'alors mais je voulais la solliciter pour un projet de tatouage que je souhaitais réaliser en hommage à mon fils.

Ce tatouage a été réalisé un tout petit peu plus tard (décembre 2023). Il s'agit d'un Petit Prince (mon fils) sur l'épaule gauche, avec une écharpe qui flotte au vent. La première page de ce livre est d'ailleurs une magnifique aquarelle réalisée par Coralie et me représentant avec mon fils.

La raison de la présence de Coralie à ce moment précis de ma vie allait en tout cas au-delà de la réalisation d'un tatouage : Coralie m'a mis en relation avec Sonia Barthod, énergéticienne-magnétiseuse, à laquelle elle a demandé au préalable de réaliser une lecture d'âme de mon fils.

L'âme de mon fils disait être en sécurité et dans la lumière et que ses parents avaient force et courage pour cette épreuve de vie, vieilles âmes en initiation. Ils sont des anges terrestres venus guérir et enseigner l'amour. L'un des parents doit écrire. Les parents sont médiums. Le 3ème œil va s'ouvrir. Le ton était donné. Cette invitation à l'écriture m'a notamment été confirmée par la suite par contacts médiumniques (vous le constaterez en fin d'ouvrage) et aussi je pense par l'observation (de mes yeux physiques), le 20 février 2024, vers 20h30, de mon stylo, posé sur mon bureau, qui a fait une légère rotation sur mon tapis de souris, en l'absence même de tout contact. Quelque chose de tellement improbable que même aujourd'hui, pour être sincère avec vous, je doute encore avoir vu cela de mes yeux mais je pense qu'il fallait aussi vous le partager dans ce chapitre sur les signes et les manifestations.

Pour reprendre le fil de mon histoire et suite à cette lecture d'âme par Sonia, j'ai réalisé un premier soin énergétique chez elle fin septembre 2023.

En rentrant à la maison, les couleurs me paraissaient plus vives et surtout je sentais des odeurs de fleurs un peu partout.

Je me rappelle très bien, c'était le jour de l'entretien parents-instituteurs pour ma fille, fraîchement entrée au CP.

Déjà sur le chemin vers l'école, des odeurs de rose me montaient au nez.

Je n'arrivais pas à me concentrer pendant que la maîtresse de ma fille parlait car je sentais des parfums de fleurs pendant tout l'entretien.

Je me doutais qu'il ne s'agissait pas du parfum de la maîtresse ni de celui des parents d'élèves puisque ce parfum me suivait depuis la maison jusqu'à la classe.

C'était visiblement une odeur qui ne venait pas d'ici.

Ces odeurs de fleurs (souvent la rose) m'étaient je pense envoyées de l'autre-côté pour me faire « croire » en l'invisible.

J'en testais la provenance en demandant à ma femme et à ma belle-mère si elles sentaient des odeurs de fleurs et elles me répondaient qu'elles ne sentaient rien du tout.

Test ultime : je montais parfois dans ma voiture, pourtant ni lavée ni nettoyée, et une odeur de rose me montait au nez puis repartait et revenait de temps à autre. Je ne mettais aucun parfum (encore moins un parfum de fleurs) et j'étais seul dans ma voiture.

Parfois même, je mettais le pied dehors dans mon jardin par temps de pluie, et je me rappelle qu'il n'y avait aucune autre odeur que celle de la terre mouillée quand soudain, une odeur puissante de rose venait chatouiller mes narines puis repartait.

J'en ai parlé à Sonia qui me confirmait la présence de l'invisible à mes côtés, des anges qui selon elle m'accompagnaient.

Une nuit je n'ai pu m'endormir car des odeurs de fleurs diverses et variées, au demeurant très agréables, remontaient dans mon nez. J'ai demandé à ces « anges » s'ils voulaient bien me laisser dormir et cela a fonctionné : je n'ai plus rien ressenti cette nuit-là et je me suis endormi jusqu'au matin.

Comble du comble, j'ai réalisé une première « transe » (je ne sais pas comment l'appeler différemment) avec cette « clair-olfaction ». C'était fin septembre ou courant octobre 2023 il me semble. J'étais allongé sur le canapé de mon salon et je me rappelle avoir envoyé un texto à un ami vers 20h00. Je me suis relaxé et j'ai commencé à recevoir une odeur très agréable de rose qui passait sous mes narines puis repartait. Puis elle revenait et repartait à nouveau. C'était comme un cocon rassurant, une odeur puissante et pure à la fois qui m'apportait un sentiment de protection intense. J'ai décidé de me laisser aller à cette expérience et je me suis plus au moins endormi avec cette odeur à mes côtés, en restant tout de même conscient de ce qui se passait. Certains vous diront qu'il s'agit d'un « état de conscience modifié », à travers lequel vous êtes plus sujet à laisser se manifester l'invisible. Je me rappelle que mes paupières se retournaient au fur et à mesure que cette odeur gagnait mon nez, repartait et revenait. Je me suis totalement abandonné à l'expérience et ce fut magique. Une des plus belles expériences que j'ai vécue à ce jour. Lorsque j'ai rouvert les yeux, il était 20h50. J'ai alors compris que cette expérience avait duré presque une heure car j'avais reçu le texto de mon ami vers 20h00 avant de réaliser cette « transe » qui m'a semblé n'avoir durée que cinq ou dix minutes. Le temps m'avait échappé.

Je l'ai racontée à Sonia.

Je n'ai pas revécu cela depuis et les odeurs ont fini par disparaître, sauf quelques brèves apparitions de temps à autre.

La suite est la suivante :

J'ai commencé à ressentir des picotements dans les mains et les pieds.

Chaque soir, lorsque je me couchais, les fourmillements aux pieds devenaient ma routine quotidienne.

Parfois ça remontait jusqu'aux jambes.

Ca pouvait aussi s'installer sur les hanches ou sur les cuisses.

J'ai compris assez rapidement que ces sensations énergétiques avaient une origine spirituelle.

Toute fin septembre, je me rappelle très bien d'un dimanche ensoleillé chez des amis où allongé sur un transat j'ai commencé à avoir la main qui brûle (sans que ça fasse mal le moins du monde). J'en ai parlé à ma femme qui n'a pas relevé et pensait sûrement que j'avais une irritation ou quelque chose du style.

Ce fut les premiers signes du magnétisme.

Sonia m'a accompagné et « formé » ainsi que Christine.

Même si les sensations de brûlures se sont largement calmées, ce clair-ressenti, ces sensations énergétiques ne m'ont jamais quitté depuis, elles font partie de mon quotidien.

Elles peuvent être liés aux guides et êtres de lumière ou médecins du ciel qui me « réénergisent » mais sont le plus souvent liées à un être en particulier : mon fils.

Je ressens par exemple régulièrement des brûlures sur le haut du crâne (chakra couronne) ou sur le haut du dos, des picotements aux jambes, aux cuisses ou aux hanches. Je sais alors que c'est mon fils qui est auprès de moi et qui se manifeste avec amour par le clair-ressenti, il ne me quitte jamais.

Les picotements sur les joues sont aussi fréquents. Dans ce cas, je vous laisse lire le livre *« La Vie des Enfants dans l'Au-delà »* d'**Annie Besson** (cité dans la bibliographie) qui explique que ces manifestations sont simplement la « version énergétique » des bisous que vous font vos proches. Mon fils me fait des bisous depuis son plan vibratoire. J'arrive à le capter ainsi. Il me montre qu'il m'aime. Lorsque j'ai les joues qui picotent, je souris et je remercie mon petit ange car je sais qu'il m'embrasse et me témoigne tout son amour.

Il est important je pense d'essayer de vous décrire la nature de cette énergie : elle est difficilement descriptible avec des mots. C'est comme de l'électricité, ça secoue, mais sans faire mal le moins du monde. C'est de l'électricité douce, avec un aspect vibratoire, avec différentes ondes en quelque sorte que vous sentez se propager à des amplitudes plus ou moins grandes.

Pour enfoncer le clou (si par extraordinaire je n'étais pas encore convaincu que mon fils était bien là auprès de moi), j'ai vécu ensuite ce que certains appellent des « Vécus Subjectifs de Contact avec un Défunt » (VSCD). Je ne suis pas spécialement un grand adepte de cette expression et des étiquettes que l'on met sur les choses de façon générale mais en bref, mon fils m'a touché littéralement (énergétiquement) pendant la nuit. Cela s'est produit de façon très nette, à au moins deux reprises : une fois en octobre 2023 et une fois en novembre 2023.

La première fois, c'était le 28 octobre 2023 précisément. J'étais en week-end (ou dirons-nous plus ou moins en vacances chez mes parents) et je me rappelle que c'était un soir de pleine lune. C'était la nuit. Je me suis endormi sur le ventre, dans mon lit. J'ai senti une force me taper l'épaule et je me suis réveillé en sursaut, automatiquement. Le vécu était bien réel. En me réveillant, l'énergie se propageait ensuite dans le reste de mon corps : pieds, mains, hanches, cuisses et jambes.

La seconde fois, c'était la nuit du 15 au 16 novembre 2023. C'était chez moi. J'étais endormi sur le dos, dans mon lit, quand une énergie qui semblait osciller sur diverses ondes m'a appuyé fortement sur l'épaule et le bras gauche. Je me suis réveillé en sursaut. Une sensation indescriptible. Un mélange d'électricité mais avec comme un effet « aquatique », comme des mouvements de vagues d'eau sur mon épaule (les fameuses ondes énergétiques j'imagine). L'expérience a continué car je me suis rendormi et la même énergie m'a appuyé sur la main droite. Je me suis ainsi réveillé à plusieurs reprises.

D'autres contacts de ce type ont eu lieu mais je vous ai décrit ici les deux plus importants.

Je pourrai vous parler longuement de l'ENERGIE car elle nous compose tous autant que nous sommes. TOUT EST ENERGIE. Dieu/l'Univers est énergie en perpétuel mouvement et vous le comprendrez dans la suite de ce livre.

Je vous cite juste une anecdote : l'une de mes photos préférées de mon fils de son vivant sur Terre est une photo où il sourit avec un visage lumineux en me tirant le gros orteil gauche. Mes pieds étaient posés sur la table du salon et il s'est approché de la table en riant pour me tirer le gros orteil.

Depuis son départ, il m'a fait comprendre que c'était bien lui car plusieurs fois, alors que j'avais les pieds croisés sur la table basse, je ressentais une vive énergie qui me tirait le gros orteil gauche. C'était sa signature à lui. Aucune autre personne n'aurait pu comprendre et reproduire ce geste.

Cela me fut confirmé par la suite lors de nombreux contacts médiumniques avec Martine Thouez (Natty Thou) dans le cadre desquels je disais à mon fils : *« c'est toi qui fais ça ? »*. Il répondait en riant par le canal de Martine : *« qui tu veux que ce soit ? ^^ »*.

Parmi les autres nombreux signes et contacts, j'ai eu plusieurs fois des objets qui tombent sans raison particulière (exemples : pomme d'arrosoir du jardin qui tombe instantanément alors qu'elle est suspendue en parfait équilibre, siège WC bébé de mon fils qui tombe dans la salle de bain à l'étage..). Une anecdote tout de même : j'étais en séance de soin énergétique chez Sonia lorsque l'un des bracelets de pierres de son présentoir est tombé d'un coup de son support. Nous nous sommes regardés et elle m'a répondu : *« Ca c'est ton fils »*.

Il y a eu aussi des manifestations plus visuelles : j'ai eu à plusieurs reprises (beaucoup moins par la suite mais surtout après le départ de mon fils) des flashs lumineux blancs qui remplissaient tout mon champ visuel alors que j'étais allongé dans mon lit la nuit, les yeux fermés, prêt à m'endormir.

Il m'est arrivé aussi des voir des orbes ou corps flottants (yeux fermés la plus plupart du temps mais aussi yeux ouverts) et des points de lumière blanche plus ou moins intenses, des sortes d'étoiles.

Beaucoup plus rarement, j'ai reçu des flashs de lieux, d'objets ou de personnes, comme une diapositive que l'on place devant mon regard. J'ai vu par exemple un homme d'une trentaine d'année, cheveux noirs mi longs, avec un t-shirt qui comportait des motifs tribales noirs. Cette personne me ressemblait mais je me disais que ce n'était pas moi car je ne mettrais jamais ce genre de t-shirt bizarre avec des motifs tribales. Je n'en ai pas dans mon placard. Sauf qu'en me rendant chez mes parents, j'ai pris un maillot quelconque pour dormir et ce maillot comportait un tribale noir sur le devant. Je m'en suis rendu compte le lendemain matin quand j'ai repensé à ce flash que j'avais reçu une semaine avant et j'ai compris alors que c'était une projection. La raison profonde je ne la connais pas. Mais il s'agissait bien d'un message de l'invisible.

Parmi les plus beaux signes de mon fils, j'ai notamment reçu en décembre 2023 une belle rose rouge à cinq pétales qui s'est formée après que j'ai allumé une bougie sur mon bureau. Je vous renvoie en fin d'ouvrage au chapitre « **QUELQUES SIGNES DE MON FILS...** » où vous pourrez découvrir cela. J'en ai reçues plusieurs mais je vous mets la plus belle et la plus incroyable. Figurent également dans le chapitre « **QUELQUES SIGNES DE MON FILS...** » des cœurs reçus ça-et-là notamment dans mes tasses de café ou sur les pierres de mon jardin.

Lorsque l'on reçoit des signes et qu'on s'ouvre à leur lecture, on se rend compte que l'imagination de nos envolés et celle des « guides » est débordante, parfois non sans humour. A chaque signe, nous en saluons l'originalité mais nous ne nous doutons pas qu'il puisse être obtenu plus original et plus beau encore.

Je vous mets également en fin d'ouvrage, dans le chapitre « **QUELQUES MESSAGES DE MON FILS...** » le magnifique message reçu en écriture automatique le 28 janvier 2024 par mon ami Bruno Fourdrinier. J'étais triste et mon fils a écrit par l'intermédiaire de Bruno :

« Dis à mon Papa qu'il arrête de pleurer. Je suis toujours avec lui. Je t'aime Papa ».

En outre, plusieurs messages de mon fils canalisés par différents médiums vous sont proposés dans le chapitre **« QUELQUES MESSAGES DE MON FILS… »** et vous verrez à quel point le bonheur, la lumière et l'Amour inconditionnel ressortent de ces messages. Inutile de vous en dire plus. Ils parlent d'eux-mêmes.

Ces signes et messages sont complétés, toujours en fin d'ouvrage, par **« QUELQUES MESSAGES DES GUIDES… »**, la plupart reçus par moi, mais également par le biais d'autres connexions (énergéticiens/médiums ou par TCI).

Ce que je peux vous dire, à mon petit niveau d'expérience, lorsque je vous délivre les « messages des guides », c'est que l'invisible ne fonctionne pas comme nous. Les informations ne sont pas mentalisées. Elles ne passent pas par le filtre du mental. Elle sont délivrées de façon pure et directe par l'âme, un peu comme une connaissance que l'âme a toujours eue (car c'est le cas) et qu'elle extrait d'elle-même et envoie vers l'extérieur comme un rayon de conscience.

La TCI c'est différent. C'est un moyen d'accès à l'invisible par tous, sans quitter notre niveau de conscience matériel. TCI est l'acronyme de « Transcommunication instrumentale ». Il s'agit d'un procédé qui consiste à enregistrer sur un support la voix de nos envolés (défunts) ou des guides spirituels (j'expliquerai plus loin ce qu'est un guide spirituel pour ceux qui ne savent pas). Le support utilisé peut être un magnétophone de préférence (pour le caractère plus « vivant » du son) mais il est aussi possible d'utiliser un logiciel numérique tel qu'AUDACITY par exemple, téléchargeable gratuitement via un ordinateur équipé d'un micro interne.

Je vous invite à consulter le site de Manu Delpech, técéiste français de renom, qui explique bien mieux que moi le fonctionnement de la transcommunication instrumentale et qui a développé à ce propos une charte de la TCI pour éviter les abus en tous genres.

Une bande son est posée pas trop fort en « arrière-plan » lors de l'enregistrement. Pour la séance à laquelle j'ai assisté (cf le message des guides spirituels de mon fils en fin d'ouvrage, au chapitre « **QUELQUES MESSAGES DES GUIDES** »…), il s'agissait d'un fond sonore en allemand inversé (!) afin que notre esprit ne puisse pas faire d'association de mots, le tout formant un charabia incompréhensible pour l'oreille française.

Une question est posée à notre envolé ou à son/ses guides et un certain temps est laissé afin que la réponse puisse être donnée et enregistrée sur la bande.

On coupe puis on écoute.

Il faut parfois mettre au ralenti pour être attentif à chaque mot.

Le défunt ou le guide parle sur la bande son (en superposition au fond sonore) ou la coupe et parle en lieu et place du fond sonore. Les intonations de voix ne sont pas les mêmes que les nôtres (elles sont parfois plus hachées, discontinues ou avec des accents toniques placés sur les «

mauvaises » syllabes) et le message n'est que de quelques mots. Ne vous attendez donc pas à de la littérature !

Les défunts et les guides n'ont pas de cordes vocales. Ca paraît bête mais il faut commencer par le rappeler. Il me semble alors qu'ils utilisent le support et les sons existants pour en moduler la fréquence hertzienne afin d'inscrire leur message sur la bande. Ils créent donc de l'énergie avec de l'existant, en modifiant les énergies / les ondes sonores existantes : un peu comme le fait mon fils en utilisant l'énergie pour me faire savoir qu'il est là car TOUT EST ENERGIE, TOUT EST VIBRATOIRE DANS L'UNIVERS, sur Terre comme ailleurs.

Manu Delpech nous explique même qu'en réécoutant plusieurs fois la même bande il est possible parfois d'obtenir des messages non-inscrits sur la bande lors de la première écoute. A quel point l'énergie et les ondes (sonores) peuvent donc être manipulées ? c'est un mystère. Une chose est sûre : il nous reste tant à découvrir…

Ce qu'il faut comprendre en tout cas c'est que la fréquence hertzienne qui est celle des défunts ou des guides n'est pas la même que celle de la voix d'un humain incarné.

Pour vous situer :

- la fréquence hertzienne d'un homme lambda se situerait entre 100 et 150 hertz

- celle d'une femme lambda (ayant une voix plus aigüe qu'un homme) se situerait entre 200 et 300 hertz

- celle d'un enfant entre 300 et 450 hertz

A titre de comparaison, les fréquences hertziennes enregistrées en TCI dépassent les 1000 ou 2000 Hertz.

Ce sont évidemment des fréquences vibratoires qui ne sont pas perceptibles en temps normal par l'oreille humaine, les défunts se situant sur un plan vibratoire plus élevé que nous, ce qui explique qu'on ne peut ni les voir ni les entendre.

On peut parfois les ressentir énergétiquement si notre canal est ouvert et qu'on possède un certain clair-ressenti, ou les entendre et/ou les voir si l'on a des facultés de clairvoyance et/ou clairaudience.

La TCI présente ceci d'intéressant qu'elle un outil accessible à TOUS. Nul besoin d'être médium pour entendre une voix de l'au-delà. Elle constitue selon moi une preuve tangible de l'existence de l'au-delà. Bien entendu c'est aussi et avant tout une question de conscience et certains se refuseront toujours de croire que cela est possible et qu'il doit nécessairement y avoir une explication rationnelle à tout cela.

Il ne s'agit pas en tout cas ici de convaincre qui que ce soit mais de faire un retour d'expérience.

Toute forme de vie étant pure conscience sous forme d'impulsion électromagnétique (c'est ce que nous sommes : des ondes énergétiques vibrant à des niveaux différents), il viendra certainement un jour où la science sera capable de progresser sur le sujet en permettant à tout un chacun de capter ces fréquences vibratoires comme on capterait l'électricité, un son ou même une image particuliers/ères.

C'est d'ailleurs déjà le cas avec les avancées en matière de transcommunication visuelle.

J'ai d'ailleurs eu l'immense privilège de recevoir moi-même en photo le visage de mon fils en transcommunication visuelle.

Le problème est que les avancées scientifiques ne doivent pas être plus rapides que celles de nos consciences.

Rabelais disait lui-même : « **Science sans conscience n'est que ruine de l'âme** » et il me semble qu'il a été divinement inspiré pour le dire.

Il est important par ailleurs d'évoquer avec vous une hypnose spirituelle que j'ai réalisée le 05 mars 2024 en présence de Pascal Destercke, énergéticien.

Dans le cadre de cette séance, j'ai pu percevoir des bribes et images de mon chemin, j'ai pu rencontrer mon guide que j'ai aperçu en halo lumineux, les bras placés sur la taille. Une silhouette de lumière. J'ai cheminé avec mon fils qui à un moment donné a placé sa tête et ses petites bouclettes sur ma poitrine me disant :

« Papa tu as encore beaucoup de choses à faire sur Terre mais quand tu viendras me rejoindre là-haut, je m'allongerai sur ton cœur pour l'éternité ».

C'est à ce jour l'un des plus beaux messages d'amour que je n'ai jamais reçu de ma vie.

Et il m'a été donné par mon fils désincarné.

Ce message fait suite à une aquarelle réalisée par Coralie Bonnat plusieurs mois auparavant où l'on peut voir mon fils allongé sur mon cœur qui refleurit. Cette peinture vibratoire était soit prémonitoire, soit mon fils s'en est servi pour rebondir sur cette réalisation et me livrer les paroles ci-dessus. Je pense qu'il y a un peu des deux car je suis persuadé que Coralie était guidée en la réalisant. Je me rappelle qu'elle m'a dit avoir entendu sous l'influence de mon fils, lors de cette réalisation : *« Des couleurs pour Papa ».* Cette aquarelle est tellement magnifique et remplie de sens pour moi que je vous l'ai mise dans le chapitre « QUELQUES SIGNES DE MON FILS... ».

Si vous consultez les « **QUELQUES MESSAGES DE MON FILS...** » en fin d'ouvrage, vous constaterez à quel point il est omniprésent dans ma vie, à quel point il ne dégage que de la lumière et de l'Amour.

Il est un Ange et le dit lui-même : « *il y a des ailes dans mon dos* ».

Il évolue sur des sphères d'Amour et de lumière. Il accueille les nouveaux arrivants dans le monde astral (enfants en particulier) et veille sur ma famille et mes proches.

Il me donne tant d'Amour que ses paroles font sens lorsqu'il dit « *Ici [dans l'Au-delà], l'Amour est vécu autrement et plus fort que celui des humains sur Terre. Je t'aime de cet Amour très fort, maman aussi et toute la famille. Je vous aide tous* ».

Il est sur un niveau de conscience élevé et je suis très heureux qu'il brille comme mille soleils.

Cela vous sera expliqué plus loin : plus votre niveau de conscience est haut et plus vous atteignez une vibration élevée. On dit que votre âme se « spiritualise ».

C'est notre objectif à tous. L'âme fonctionne avec un objectif de croissance et d'ascension. L'âme est progressive. Ce qui compte c'est l'EVOLUTION. Et l'évolution se fait par l'émission de vibrations d'Amour.

Mais ne croyez pas que nous devenons des êtres « magiques » et magnifiques aussitôt que nous nous retrouvons dans l'au-delà. La réalité est que nous arrivons de l'autre côté avec le niveau de conscience que nous avions sur Terre.

Les lois spirituelles universelles sont comme des règles scientifiques qui s'appliquent à tous de la même façon. Ce sont des lois vibratoires. Elles n'ont rien à voir avec la morale ou les normes de comportement humaines. Vous le comprendrez avec les développements qui suivront sur la véritable nature de Dieu.

Ce faisant, vous vous retrouverez dans l'au-delà sur le plan qui correspond à votre niveau vibratoire. C'est automatique. Plus vous êtes sur une vibration d'Amour et de lumière, plus vous vous retrouverez sur un plan vibratoire élevé puisque votre niveau de conscience sera élevé. Plus votre taux vibratoire est bas et plus le plan énergétique sur lequel vous vous retrouverez sera bas car vous aurez émis une énergie basse (d'absence d'amour ou d'amour très faible). Et il existe des plans vibratoires plus bas que le plan terrestre que certains appellent parfois le « bas astral ». De ce point de vue, la haine, la peur... sont des vibrations d' « absence d'amour » ou d'amour très faible, au même titre que l'obscurité se définit comme une « absence de lumière ». C'est ce que l'on appelle en spiritualité les polarités, elles se définissent les unes par rapport aux autres.

Pour en revenir à nos moutons, vous vous retrouverez aussi de l'autre côté avec la PERSONNALITE et le CARACTERE que vous aviez avant de terminer votre expérience d'incarnation terrestre. Ne croyez donc pas que quelqu'un de bougon sur Terre sera par exemple toujours de bonne humeur de l'autre côté. Cela n'existe pas.

L'âme conserve son individualité même si en rejoignant le monde astral elle accède à sa pleine conscience.

Cela se vérifie avec mon fils car bien qu'il émette cette vibration puissante de lumière et d'Amour, il conserve sa personnalité et reste l' « âme rieuse » qu'il était sur Terre. Il a conservé sa malice et son espièglerie.

Je vous donne un exemple de manifestation à ce sujet : le 22 janvier 2024, Natty Thou se trouvait chez elle, sur sa terrasse quand a entendu soudainement un bruit de rouleau qui se déroule.

En regagnant sa cuisine, elle a constaté que le rouleau d'essuie-tout était déroulé jusqu'au sol.

Personne n'était à son domicile à part elle.

Elle a demandé à mon fils (très proche d'elle et c'est à ce jour la médium qui l'a canalisé le plus de fois) si c'était bien lui, ce à quoi il a répondu *« Ouiii ! »* en riant et en courant.

De manière plus générale, ce qu'il faut savoir c'est qu'une âme est toujours adulte du point de vue de la connaissance et de la conscience. Vous vous en apercevrez rapidement en lisant les **« QUELQUES MESSAGES DE MON FILS... »** en fin d'ouvrage car vous constaterez la sagesse de certaines paroles, alors que je vous rappelle que mon fils est parti à dix-huit mois seulement, presque dix-neuf. C'était donc un petit garçon, pour ne pas dire un bébé.

Néanmoins, l'âme conserve l'affectivité qui était la sienne en lien avec l'incarnation qu'elle vient de terminer. Voilà pourquoi mon fils, tout en étant un être lumineux et très conscient, est également du point de vue de l'affectivité le petit garçon qu'il était sur Terre : rieur, joueur et malicieux.

Le fait que les enfants de l'au-delà aient une âme adulte mais une affectivité d'enfant est parfaitement bien illustré dans l'ouvrage d'**Annie Besson** *« La Vie des Enfants dans l'Au-delà »* que je vous conseille vivement de lire tant il est rempli de détails sur la vie de nos petits amours. Un ouvrage unique et magnifique. L'auteure vous explique notamment que les enfants de l'au-delà ont une vie comme la nôtre. Ils ont des activités : il jouent de la musique, ils peignent..., à ceci près que les sons sont d'une perfection absolue et que les couleurs sont beaucoup plus vives, plus lumineuses que sur Terre. Il existe des couleurs que nous ne connaissons pas ici-bas. En effet, plus le plan vibratoire sur lequel vous vous trouvez est élevé et plus le panel de couleurs est varié et lumineux. Inversement, la descente vibratoire diminue l'intensité des choses, les couleurs paraissent donc plus ternes sur Terre et ainsi de suite.

Il est en tout cas très difficile pour nos consciences humaines d'envisager que notre proche est à la fois celui que nous avons connu mais qu'il est aussi tellement plus que ce qu'il était. Car pendant nos incarnations nous avons accès à des informations limitées sans quoi le « jeu » de l'incarnation serait biaisé (je vous l'expliquerai plus tard dans le chapitre portant sur l'incarnation).

Votre niveau de conscience vous permettra de « faire le deuil » de votre proche en acceptant qu'il soit celui que vous avez connu mais en sachant qu'il est aussi beaucoup plus que tout cela. Vous apprendrez à créer un nouveau lien avec lui : un lien ayant toujours pour dénominateur commun l'amour, un amour qui sera encore plus fort et plus pur et qui vous aidera à surmonter la douleur liée au manque physique.

En tout état de cause et vous l'aurez compris, ôtez-vous de l'esprit l'idée selon laquelle nos défunts reposent en paix pour l'éternité. Ce type de raisonnement provient d'une pensée limitante, que nous enseignent tous types de religions depuis des siècles.

Nos défunts vivent et sont certainement beaucoup plus vivants que nous. A certains égards, c'est nous qui paraissons « morts » sur Terre.

Pour revenir aux enfants, ils vont à l'école obligatoire, ont des instituteurs, des guides qui les aident. Ils observent le comportement des humains sur Terre et sont parfois bien amusés de constater que nous nous chamaillons pour des broutilles, que nos comportements humains frisent bien souvent le ridicule et sont très loin de la profondeur spirituelle qui habite notre Être véritable.

Pour les plus jeunes enfants (qui conservent donc un affect important du fait de leur départ rapide), ils peuvent même avoir une sorte de « maman de substitution » qui s'occupe d'eux ou a minima une éducatrice qui les aide dans leurs activités quotidiennes et leur permet de grimper vibratoirement afin que leurs âmes continuent de progresser et se spiritualisent.

Tout ceci est également décrit en détails dans *« La Vie des Enfants dans l'Au-delà »*.

J'en terminerai sur les signes et manifestations en vous parlant de deux choses :

- Les rêves lucides
- Les sorties hors du corps (SHC).

J'ai réalisé quelques rêves lucides dans lesquels je rencontrais mon fils.

Pour ceux qui ignorent ce que c'est, un rêve lucide est un rêve dans lequel vous maîtrisez le déroulé des événements. Vous êtes l'acteur de votre rêve : vous ne le subissez pas. Certains préfèrent alors utiliser le mot « songe » car lorsque vous rencontrez une âme dans un rêve lucide, votre rencontre n'est pas fortuite : l'âme se présente à vous volontairement et peut vous transmettre des messages.

Car ce que vous devez savoir c'est que notre Être est composé de plusieurs corps énergétiques subtils (corps physique, corps éthérique, corps astral…). Lorsque vous dormez, vous âme rejoint l'astral et se libère de votre « mental », c'est sa porte de sortie, son échappatoire, sa bulle d'oxygène. De ce point de vue, vos cycles de sommeil sont des « petites morts », on pourrait voir les choses ainsi.

Lorsque vous faites un rêve lucide, vous avez conscience de rêver mais vous pouvez vous déplacer dans votre rêve et choisir vos actions.

Le cran « au-dessus » c'est la sortie hors du corps. Cette fois, vous quittez véritablement votre corps physique et utilisez votre corps astral (qui reste lié à votre corps physique par une corde d'argent) pour voyager. Les voyageurs astraux vous expliquent que la sensation de réalité est présente car tout est réel : votre corps est plus léger (vibratoirement parlant) et vous pouvez vous déplacer où vous le souhaitez. Ceux qui en font l'expérience ont pu voyager à des endroits en rapportant les détails de leur visite et en en contrôlant la réalité après coup dans notre monde matériel. Ils ont pu confirmer ce qu'ils avaient vu.

Les voyageurs astraux vous diront aussi que la plus grosse difficulté est de se maintenir dans l'astral car aussitôt que vous pensez à votre corps physique, vous vous y retrouvez instantanément.

Pour ma part, j'ai expérimenté un début de sortie hors du corps sans être parvenu à sortir et expérimenter l'astral à ce jour (et je ne fais pas référence à l'événement de projection astrale du 14 septembre 2023 relaté ci-dessus).

C'était la nuit du 9 au 10 novembre 2023 où, allongé sur mon lit en pleine nuit, après des exercices de respiration répétés et des « programmation de sorties » en pleine nuit (que je n'ai plus la force de pratiquer aujourd'hui) j'ai senti un vrombissement d'avion dans ma tête et mon corps (marquant la sortie du corps astral de mon corps physique) et je me suis senti glissé à l'horizontale depuis ma tête jusqu'à mes jambes en me voyant sortir après mes pieds. Je me rappelle m'être dit dans ma tête *« ok c'est parti »* et aussitôt dit, je regagnais mon corps physique. L'expérience était ratée mais elle a au moins eu le mérite de me faire expérimenter la réalité des corps subtils et le fait qu'on puisse effectivement sortir de son corps physique.

L'objectif est enfin et surtout de vous montrer à quel point mon fils communique constamment avec moi par les signes et les manifestations. Je suis privilégié, j'ai beaucoup de chance. Ce faisant, vous comprendrez que le lien qui vous unit à vos chers envolés est un **LIEN D'AMOUR ETERNEL ET INDESTRUCTIBLE.**

Vous comprendrez que L'AMOUR EST LE CIMENT DE L'UNIVERS. C'EST L'ENERGIE DE DIEU A L'ŒUVRE A TRAVERS NOUS, ÊTRES SPIRITUELS QUE NOUS SOMMES, INCARNES OU NON.

Voilà pourquoi j'ai tenu à vous expliquer mon parcours et la présence permanente de mon fils à mes côtés, énergétiquement, par l'Amour.

Si vous êtes ouverts aux signes vous en aurez. L'Univers a toujours communiqué avec nous. La question n'est pas s'il communique ou non, la question est qui écoute ?

Je ne cherche pas à légitimer mon propos ni à vous persuader de quoi que soit. Je tente de vous l'expliquer.

Comme le dit Bernadette Soubirous, « *je suis chargé de vous le dire, je ne suis pas chargé de vous convaincre* ».

Les signes et manifestations de l'au-delà ont été nombreux pour moi.

J'ai une gratitude infinie pour mon fils, pour mes guides et pour toutes celles et ceux qui ont été placés sur mon chemin par l'Univers et qui font que vous êtes aujourd'hui en train de lire ce livre.

Le fait que vous l'ayez entre les mains aujourd'hui n'est pas un hasard.

Si vous avez été frappés par le deuil, puisse ce livre vous permettre d'ouvrir votre conscience à d'autres réalités (si ce n'est pas déjà le cas) et vous faire comprendre qu'il ne faut jamais douter des signes que vous recevez. Il sont bel et bien réels. Ils sont votre réalité.

Tout ce que vous observez avec vos yeux physiques n'est qu'un infime pourcentage d'une réalité spirituelle immensément plus grande.

Voici comment j'en suis arrivé à créer le projet *« La Voix Des Messagers »* (LVDM).

CHAPITRE II

LE PROJET « LA VOIX DES MESSAGERS »

Le Projet *« La Voix des Messagers »* est donc né d'une épreuve personnelle, une épreuve difficile, à travers laquelle l'Amour m'a invité à rompre les liens de l'ignorance, à poser des questions et à chercher des réponses.

Je dis bien « des réponses » car elles sont propres à chacun.

C'est en cheminant que nous pouvons comprendre que toutes les réponses se trouvent en nous et que nous construisons chacun notre propre vérité. Elle n'est ni meilleure ni moins bonne que celle d'un autre. Elle est le simple résultat de notre perception, de nos croyances, lesquelles construisent notre expérience qui elle-même définit notre réalité.

Il est toutefois impossible que cette réalité relative, propre à chacun, entre en contradiction avec l'Ultime Réalité (Réalité Absolue) mais nous aurons l'occasion de nous y replonger ci-après dans les développements sur la mort.

Pourquoi « *La Voix des Messagers* » ?

En réalité, le nom m'a été insufflé le nuit du 08 au 09 avril 2024 (je vous renvoie au chapitre **« QUELQUES MESSAGES DES GUIDES… »** en fin d'ouvrage).

« La Voix » au singulier car le tout est supérieur à la somme des éléments qui le composent. L'Union fait la force.

A travers le projet « *La Voix des Messagers* », il ne s'agit donc pas d'entendre ma seule voix, mais l'ensemble des voix de tous les messagers qui voudront bien partager leurs expériences, leurs joies et leurs peines et surtout diffuser leurs messages d'Amour car en réalité, ce projet n'a aucune autre ambition que celle de faire croître la Connaissance, la

Conscience et l'Amour. Et c'est déjà une bien belle ambition.

Il s'agit de rappeler à chaque instant, comme me l'a indiqué l' « invisible », que *« L'Amour n'est pas quelque chose qu'on A mais quelque chose qu'on EST. Donner de l'Amour c'est donner une part de soi-même »*.

Toujours avec sincérité et vérité. Car nous sommes Amour. C'est notre raison d'être. Nous aspirons tous à êtres des messagers d'Amour. A le diffuser encore et toujours, envers et contre tout.

Tous les êtres sont les bienvenus dans ce Groupe, sans barrières aucunes, avec une totale Liberté car c'est ce qu'est l'Amour.

C'est pourquoi notre Voix n'est qu'une. C'est ce qu'elle a toujours été et c'est ce qu'elle sera toujours.

Au fond l'important n'est pas le messager mais le message, ce n'est pas celui qui parle mais celui qui écoute.

« *La Voix des Messagers* » recense dès lors des messages spirituels variés et essentiellement :

- des réflexions par thématiques (ex : « les guides spirituels », « l'âme et l'ego »…) dans lesquelles je fais des développements plus ou moins longs,
- des « pensées spirituelles du jour » sous format court,
- des « messages des guides »,
- des « signes et synchronicités »,
- quelques contacts médiumniques…

La page se veut collaborative et évolutive. Rien n'est donc figé. Chacun des abonnés par ses commentaires et ses réflexions ou suggestions contribue à ce que nous la construisons ensemble.

Vous pouvez la consulter via l'URL indiquée dans « **SITE DE L'AUTEUR** » en fin d'ouvrage.

Cette page m'a dirigé pas à pas vers ce premier livre.

CHAPITRE III

LA VERITABLE NATURE DE DIEU

1 – QUI EST DIEU ? (OU QU'EST-CE QUE DIEU ?)

Avant de démarrer ces développements sur la nature de Dieu, je vous invite à mettre de côté, au moins pendant la lecture de ce livre, toutes pensées limitantes que vous pourriez avoir sur l'identité de Dieu telles que notamment enseignées par les religions quelles qu'elles soient (même si on prendra souvent comme référence la pensée judéo-chrétienne).

Je vais essayer d'expliquer la nature de Dieu de la façon la plus simple et la plus imagée possible, avec des analogies, des comparaisons... Si votre esprit s'embrouille, arrêtez-vous, relisez et méditez ce que vous venez de lire.

De façon générale, il faut savoir que toute réalité spirituelle est bien souvent envisagée par la majorité d'entre nous sous le prisme de notre existence humaine. Et c'est bien normal, on est tenté d'attribuer des étiquettes en fonction de ce que l'on connaît. Et ce que l'on connaît c'est d'abord notre réalité matérielle « palpable ». Nous ignorons simplement que nos âmes connaissent bien plus que cela mais nous y reviendrons.

Sur la base de ce que je viens de vous dire, nous imaginons Dieu comme une PERSONNE et pour certains, comme un homme barbu, supérieur aux humains, assis sur un nuage à juger les comportements humains, récompenser ceux qui font le « bien » et punir ceux qui font le « mal ».

DIEU EST TOUT SAUF CELA.

Déjà, IL N'EST PAS UNE PERSONNE.

Vous remarquerez alors que j'emploierai tout au long du livre indifféremment le pronom IL/LUI ou ELLE pour le désigner, peu importe. En effet, s'il n'est pas une personne, a fortiori il n'est ni un homme ni une femme.

DIEU N'EST PAS SEXUE.

DIEU EST UNE ENERGIE.

Il est l'énergie de conscience qui anime toute chose et tout être dans l'Univers.

Dieu est l'Univers.

Il n'existe rien qui soit en dehors de Dieu car il est l'alpha et l'omega.

Il est à la fois (i) le Créateur, (ii) la Création et (iii) le Processus de création de la totalité des réalités visibles et invisibles.

Développons cette dernière phrase car cette trinité divine est très importante. Dans les schémas religieux traditionnels, on envisage bien volontiers Dieu comme le Créateur. Cela n'est pas contesté. Mais ce qui est moins évident est de considérer Dieu comme la Créature / la Création. Pourtant oui, Dieu crée mais il ne crée pas seul. Il crée à travers sa création. Il est très important de le comprendre car c'est ce qui fonde nombre d'explications sur le pouvoir créateur de l'Homme. Je veux dire par là que Dieu ne crée QUE PARCE NOUS CREONS. Il nous aime tellement qu'ils nous a donné le LIBRE ARBITRE de décider nous-même de créer notre réalité. Ce faisant, NOUS NE SOMMES PAS DES DIEUX AU RABAIS. En nous donnant le pouvoir de créer, DIEU FAIT DE NOUS DES DIEUX. Et c'est précisément là où l'on diverge des pensées religieuses limitantes qui sont capables de voir Dieu comme un créateur mais qui sont incapables de le voir comme une création et qui sont encore moins capables de voir l'Homme comme co-créateur, grâce à Dieu, de sa propre création.

Vous comprendrez donc que la vision SEPARATISTE des religions n'est pas la Réalité Absolue de l'Univers. La réalité ultime est l'UNITE. Nous ne sommes pas séparés de Dieu, son énergie de Vie, d'Amour et de Création est à la fois en nous et à l'extérieur de nous, elle habite Tout Ce Qui Est. Et la seconde réalité ultime est l'EGALITE. Dieu n'est pas supérieur à nous car il nous a fait l'égal de

Lui/Elle-même en nous permettant de créer. L'UNITE et l'EGALITE sont le revers d'une même médaille.

LA SEPARATION ENTRE L'HOMME ET DIEU ET LA SUPERIORITE DE DIEU SUR L'HOMME SONT DES ILLUSIONS. ELLES SONT ISSUES POUR L'ESSENTIEL DE PENSEES RELIGIEUSES SECULAIRES QUI NE CORRESPONDENT PAS A LA REALITE ABSOLUE DE CE QU'EST L'UNIVERS ET DONC DE CE QU'EST DIEU.

Nous ne pouvons être séparés de Dieu car c'est de Lui/Elle que nous tenons notre pouvoir de création et nous ne pouvons être inférieurs à Dieu car nous sommes les Dieux créateurs de notre propre réalité.

Pour le comprendre, il faut intégrer dans votre esprit ce qui suit :

EN NOUS DONNANT LE POUVOIR DE CREER, DIEU FAIT A TRAVERS NOUS L'EXPERIENCE DE LUI-MÊME.

Pour comprendre cette dernière phrase, revenons au départ. Je vous ai dit que DIEU EST UNE ENERGIE ET QUE DIEU EST TOUT CE QUI EST. Dans la Réalité Absolue, Dieu est donc l'énergie la plus haute qui soit. Dieu a la connaissance de sa magnificence. Il sait qu'il est l'Amour, la Vie, la Beauté, la Joie et qu'il n'existe rien en dehors de Lui-même.

Mais Dieu sait que la CONNAISSANCE n'est pas la même chose que L'EXPERIENCE.

Dieu sait qu'on ne peut se connaître véritablement que si l'on fait l'EXPERIENCE de qui on est.

Dieu a alors eu besoin de se diviser en des milliards d'âmes (nous sommes de ce point de vue ses créatures : minéraux, végétaux, humains, animaux...) pour pouvoir faire l'expérience de sa magnificence, A TRAVERS NOUS.

Car en effet, comment pouvez-vous savoir que vous êtes la Vie, l'Amour et la magnificence ultimes s'il n'existe rien d'autre que la Vie, l'Amour et la magnificence ?

C'est ainsi que Dieu créa les mondes relatifs (dont notre monde terrestre de « matière » fait partie) pour faire l'expérience de Lui/Elle-même et ainsi se définir à chaque instant dans la version la plus grandiose de Lui/Elle-même.

Se faisant, Dieu inventa les POLARITES.

Dans le monde absolu de Dieu il n'existe que l'Amour.

C'est donc en EXPERIMENTANT la haine et la peur dans notre réalité terrestre (la peur étant la polarité inverse de l'amour) que nous permettons à Dieu (et à travers Lui nous-mêmes car nous ne sommes pas séparés de Lui) de faire l'expérience de ce qu'est l'Amour.

Car pour comprendre ce qu'est l'Amour il faut comprendre ce que n'est pas l'Amour.

On fait donc l'expérience de l'Amour en expérimentant ce que n'est pas l'Amour.

CAR SANS CE QUI N'EST PAS, CE QUI EST N'EST PAS.

Je vous donne un exemple ludique qui parlera à tout le monde : imaginez que vous faites l'amour et que vous avez un orgasme.

Comment savez-vous que vous avez un orgasme ?

Vous le savez car en temps normal, dans la vie de tous les jours, en marchant dans la rue…, vous n'avez pas d'orgasme.

Si votre réalité était d'avoir un orgasme permanant, pour vous être en situation d'orgasme serait votre réalité continuelle car vous n'auriez fait L'EXPERIENCE de rien d'autre.

Si l'orgasme est l'orgasme c'est bien parce qu'en dehors de l'acte sexuel vous n'avez pas d'orgasme.

En clair, vous définissez l'orgasme par rapport à l'expérience que vous faites de ce qu'il est et de ce qu'il n'est pas.

C'est exactement la même chose pour Dieu. Il fait l'expérience de Qui Il Est par rapport à Qui Il n'EST pas car CE QUI EST NE PEUT EXISTER SI CE QUI N'EST PAS N'EXISTE PAS.

Et cette expérience de Lui-même il la fait grâce à vous.

Retenez en effet une chose toujours valable en spiritualité : **CE SONT NOS PERCEPTIONS ET NOS CROYANCES QUI CREENT NOTRE EXPERIENCE ET C'EST NOTRE EXPERIENCE QUI CREE NOTRE REALITE.**

Je vous l'illustre en fin d'ouvrage par un message qui m'a été insufflé par les guides : *« Ce dont vous n'avez pas fait l'expérience reste à l'état de connaissance ».*

Je vais vous expliquer cette phrase avec la parabole de l'oiseau bleu aux ailes de lumière :

Pour qu'une connaissance devienne réelle pour vous, vous devez en avoir faire l'expérience.

Mais faire l'expérience d'une connaissance n'est pas forcément ce que vous croyez.

Faire l'expérience d'une connaissance est beaucoup plus large que ce que vous pensez CAR VOTRE LIBRE ARBITRE EST INFINI.

Si par exemple je vous dis : *« Regardez, il y a un oiseau bleu avec des ailes de lumière qui vole dans le ciel ! »*

Votre premier réflexe va probablement être de regarder le ciel pour vérifier si l'information (et donc la connaissance) que je vous apporte est VRAIE. Si vous ne voyez rien dans le ciel, vous allez donc croire à une mauvaise blague et vous me répondrez : *« N'importe quoi ! »*.

Dans ce cas, vous aurez donc décidé, par votre LIBRE ARBITRE, de faire l'expérience de vérifier vous-même avec votre vue le fait qu'il y a ou non un oiseau bleu aux ailes de lumière qui vole dans le ciel pour décider de faire de l'absence de cet oiseau accessible à vos yeux votre REALITE.

Mais imaginez maintenant, toujours avec le même exemple de l'oiseau bleu, que vous décidiez de me croire sur parole, sans vérifier le ciel pour voir s'il y a ou non un oiseau bleu aux ailes de lumière. Il s'agit de la même façon d'une EXPERIENCE qui CREE votre REALITE. J'entends par là que le fait que vous ayez suffisamment confiance en moi pour me croire sans avoir vérifié le ciel est aussi une résultante de votre LIBRE ARBITRE. Votre LIBRE ARBITRE, dans toute sa puissance, aura tout simplement créé une expérience différente de la précédente puisque vous aurez décidé de faire vôtre (et donc REELLE) la connaissance selon laquelle il y a un oiseau bleu dans le ciel, en faisant le choix de ne pas le vérifier vous-même avec vos yeux. TEL EST VOTRE CHOIX, TELLE EST

VOTRE EXPERIENCE, TELLE EST DONC VOTRE REALITE.

De la même façon, vous auriez pu ne pas me croire quand je vous disais qu'un oiseau bleu aux ailes de lumière volait dans le ciel en décidant de ne même pas vérifier par vous-même avec vos yeux car pour vous c'est impossible, un tel oiseau n'existe pas. Le mécanisme de création de votre réalité reste le même : TELLE EST VOTRE CROYANCE, TEL EST VOTRE CHOIX, TELLE EST VOTRE EXPERIENCE ET TELLE EST DONC VOTRE REALITE.

Ces exemples sont volontairement caricaturaux mais ils permettent de vous expliquer comment fonctionne la CREATION de votre REALITE.

Vous comprenez à travers ces exemples que votre LIBRE ARBITRE (et donc à travers lui votre POUVOIR DE CREATION) est extrêmement puissant.

Comment pourrait-il en être autrement ? [car votre pouvoir de création libre est le plus beau cadeau que Dieu vous ait fait et nous le verrons dans les développements ci-après sur la mort].

Votre pouvoir de création et votre libre arbitre sont aussi puissants que Dieu. Jusque-là c'est d'ailleurs assez logique puisque c'est Dieu Lui-même qui vous les a donnés.

En définitive, faire l'expérience d'une connaissance consiste donc à DECIDER PAR VOUS-MÊME d'intégrer ou non cette connaissance dans le champ de votre REALITE. Et quelle que soit l'expérience que vous déciderez de faire de cette connaissance, elle créera automatiquement votre REALITE.

Dans l'exemple n°2 sur l'oiseau bleu aux ailes de lumière, voyez comme une simple PENSEE et même une simple CROYANCE ont déterminé votre expérience et créé votre réalité : le simple fait que vous me CROYIEZ sur parole quand je vous dis qu'un oiseau bleu aux ailes de lumière vole dans le ciel a créé votre réalité selon laquelle un tel oiseau existe bel et bien et il est même actuellement en train de voler dans le ciel.

Un enfant aurait d'ailleurs pu le croire facilement car il est quasiment vierge de toute EXPERIENCE. Vous le formatez donc dans les expériences qu'il décide de faire des croyances que vous lui donnez. Assurez-vous alors de fournir à vos enfants de bonnes informations pour qu'ils puissent décider librement de faire leurs propres expériences de la réalité.

Et concernant les adultes, ouvrez vos consciences : vous êtes peut-être remplis d'expériences (par rapport à un enfant) mais vous n'acceptez pas (pour la plupart) de vider votre verre pour changer vos expériences de la réalité.

Pourquoi ?

Car ce que fait le LIBRE ARBITRE dans un sens, il le fait aussi puissamment dans l'autre sens. Quand notre ego nous persuade que notre réalité est la seule possible, on s'y accroche et on refuse ne serait-ce que d'admettre que d'autres réalités puissent être possibles (car admettre une telle chose serait inconfortable pour notre ego qui a peur de l'inconnu). Ce faisant, on refuse d'en faire l'expérience. TELLE DEVIENT ALORS NOTRE REALITE : CROIRE QUE LA REALITE QU'ON A FAIT NÔTRE EST LA SEULE REALITE POSSIBLE.

Voilà à quel point votre pouvoir de création est puissant.

Pour affuter votre REALITE, affutez l'EXPERIENCE que vous décidez de faire des informations et connaissances qu'on vous donne, les miennes y compris, surtout les miennes.

Votre réalité est la vôtre, elle ne sera jamais celle d'un autre, tout simplement car votre expérience est personnelle et que votre réalité est intérieure ; elle ne provient jamais de l'extérieur à moins que vous ne décidiez de faire d'une information extérieure votre propre vérité intérieure.

Mais ne tombez pas dans le travers inverse qui consiste à croire que vous seul avez raison : en d'autres termes,

DIVERSIFIEZ vos expériences. Ce faisant, vous expérimenterez d'autres réalités et vous grandirez spirituellement.

Pour en revenir à Dieu, vous pouvez donc aussi bien décider de ne pas croire tout ce que je vous raconte ici à propos de Dieu : telle sera alors votre expérience. Et si cela est votre expérience, cela deviendra votre réalité.

Toutefois, cette réalité (ou vérité) sera RELATIVE à vous-même et à personne d'autre. Pour autant, elle ne correspondra pas à la Réalité ABSOLUE des choses.

Vous pouvez aussi arrêter quand vous le voulez d'en faire l'expérience.

En d'autres termes, je ne cherche à vous convaincre de rien. Et même si je le voulais, je ne pourrai jamais vous convaincre de choses dont vous n'avez pas décidé de faire l'expérience.

Je vous disais en tout cas plus haut que Dieu est CREATEUR et CREATION à la fois, que nous créons nos réalités relatives à travers Lui, qu'il a fait de nous, par son Amour inconditionnel, des DIEUX CREATEURS, que nous ne sommes ni supérieurs, ni inférieurs à Lui et que nous ne sommes jamais séparés de Lui.

C'est un bon début. Déjà avec cela, on s'éloigne largement de la pensée traditionnellement admise.

J'ai volontairement gardé pour la fin le troisième volet de la « trinité », à savoir que Dieu est le PROCESSUS DE CREATION Lui/Elle-même.

C'est un point très important car si vous en faites votre réalité, vous comprendrez que DIEU N'A PAS D'ORIGINE. Il n'a pas d'origine car IL EST INCONDITIONNEL. C'est d'ailleurs pourquoi il nous aime inconditionnellement. L'Amour inconditionnel n'est pas une attribution de Dieu, c'est Ce Qu'Il/Elle Est Vraiment.

Je vous répète que nous analysons les réalités spirituelles sous le prisme de nos consciences humaines limitées. Et nos consciences humaines limitées nous poussent constamment à RECHERCHER UNE ORIGINE AUX CHOSES. Nous sommes incapables de concevoir que les choses ne puissent pas avoir d'origine.

Pourtant, et au risque de vous choquer : NOUS N'AVONS PAS D'ORIGINE.

Car nous sommes comme Dieu : des êtres illimités et inconditionnels.

« ILLIMITES » car nous avons le pouvoir de tout créer. Nous tenons ce pouvoir de Dieu Lui/Elle-même.

« INCONDITIONNELS » car nous n'avons pas besoin de CONDITIONS à notre existence, NOUS SOMMES (point). Etant des « morceaux » de Dieu co-créateurs et co-créatures de notre propre création, NOUS SOMMES DES ÊTRES INCONDITIONNELS. Cela veut dire littéralement qu'IL

N'EXISTE AUCUNE CONDITION A NOTRE EXISTENCE.

Nous avons toujours été, nous sommes et nous serons toujours. Car nous sommes des « ÊTRES ». Comme Dieu, nous sommes un processus : la création est un processus. Le processus est l'action même de créer, il ne peut avoir ni commencement ni fin. Le Processus de création se poursuit dans l'éternel instant présent. Il est l'IMPULSION de création. Nous y reviendrons.

Toujours dans cette notion de trinité, notre troisième attribution est donc l'ETERNITE.

Nous sommes des ÊTRES « **ETERNELS** ». Car Dieu est Tout et Dieu est la Vie. La Vie ne peut être autre chose que la Vie, quelle qu'en soit la forme. Ce faisant, la mort est un leurre et cela sera développé en détails plus loin.

La physique quantique et les lois spirituelles universelles sont le revers d'une même pièce.

Lavoisier le disait très bien : *« Rien ne se perd, rien ne se crée, tout se transforme »*. Nous autres êtres incarnés, nos défunts, les guides spirituels à vibrations très haute, les anges, les archanges, Dieu « Lui/Elle-même » etc, nous sommes tous des énergies en mouvement et en perpétuelle évolution. Dieu est en éternel mouvement, la Vie est en éternel mouvement. Dieu est cette Vie en mouvement permanent.

Il en va donc de même pour nous. Notre nature spirituelle et divine est incompatible avec l'arrêt de la Vie puisque nous sommes le processus de création perpétuel de la vie en constante évolution.

Nos défunts ne disparaissent pas. Leur nature spirituelle et divine est incompatible avec l'arrêt de quoi que ce soit. La mort de la Vie signerait la Mort de Dieu. C'est impossible et incompatible avec toutes les lois spirituelles universelles.

Nous continuons toujours d'exister sous une autre forme, et ce pour l'éternité car la VIE est EVOLUTION perpétuelle et je le développerai ci-après lorsque j'évoquerai avec vous ce qu'est « L'EQUATION DIVINE ».

En résumé, nous sommes des êtres DIVINS, ILLIMITES, INCONDITIONNELS et ETERNELS. Et nous sommes CREATEUR, CREATION et PROCESSUS DE CREATION en même temps.

Si votre niveau de conscience le permet, vous vous rendrez facilement compte de l'immense pléonasme que je vous raconte ici car tous ces mots désignent en fin de compte une seule et même réalité qui est **la notion d' « ÊTRE ».**

J'aurais pu intitulé ce livre « NOUS SOMMES » que cette appellation se serait suffi à elle-même mais elle n'aurait pas été comprise par tous.

En vous disant « NOUS SOMMES » je vous dis tout.

NOUS SOMMES, un point c'est tout.

Nous n'avons qu'à ÊTRE car nous sommes des « ÊTRES », c'est tout ce que nous demande Dieu. Nous n'avons qu'à ÊTRE. Nous n'avons rien à FAIRE ni à AVOIR. Ce qui compte pour notre âme c'est ce que nous SOMMES quand nous faisons et nous avons, le reste n'est qu'illusion de qui nous croyons être.

En vous expliquant Qui Nous Sommes, je vous explique Qui/Qu'est-ce qu'est Dieu.
Et en vous expliquant Qui/Qu'est-ce qu'est Dieu, je vous explique Qui Nous Sommes.

Nous sommes cette énergie fondamentale d'Amour, de Vie, de Liberté et de Création. Cette énergie remplit absolument tout ce qui a existé, ce qui existe et ce qui existera.

Cette énergie c'est Dieu et c'est nous à travers Lui/Elle.

Pour illustrer mes propos, je vous invite à lire la série des livres *« Conversation avec Dieu »* de **Neale Donald Walsch,** qui est selon moi indispensable pour qui souhaite cheminer et créer sa propre réalité de ce qu'est Dieu /

l'Univers / la Conscience divine (selon le mot que vous préférez).

Dieu Lui/Elle-même a créé l'intégralité des lois vibratoires qui gouvernent l'Univers et auquel il est Lui-même soumis, lois vibratoires que j'ai commencé à évoquer dans le chapitre **« LES SIGNES ET LES MANIFESTATIONS »**.

Ces lois vibratoires indiquent que tout est énergie et que la création se fait par propagations d'ondes.

Aucun scientifique ne me contredira si je vous dis que les couleurs que vous voyez correspondent à des longueurs d'ondes. Au rouge est associé un type d'onde, au bleu une autre longueur d'onde etc. Chaque couleur a donc une signature énergétique propre. Votre cerveau traduit ces longueurs d'onde en informations et vous permet de voir le rouge par différence avec le bleu etc. Le noir est à l'inverse une absence d'onde et le blanc la somme des ondes de toutes les couleurs de l'arc-en-ciel.

Pourquoi en serait-il différemment pour tout ce qui existe ?

La spiritualité n'est pas différente de la science. Tout est UNITE. L'explication qu'on vous donnera de tout événement dépendra de l'angle de perception sous lequel vous voyez les choses.

La création se fait par impulsions électro-magnétiques parfaitement conscientes. Voilà comment nous créons et donc comment Dieu crée à travers nous.

L'électricité est l'énergie « Père », l'intelligence créatrice.

Le magnétisme est l'énergie « Mère », l'énergie d'attraction aimante.

C'est pourquoi l'énergie divine est appelée parfois énergie « Père/Mère » ou énergie d'intelligence-aimante ou d'amour-intelligent. Le premier EMET (l'électricité), la seconde ATTIRE (le magnétisme). C'est pourquoi en émettant la PEUR, vous attirez la PEUR, en émettant l'AMOUR, vous attirez l'AMOUR. C'est la loi de l'attraction.

Il existe de multiples autres lois spirituelles et ce n'est pas l'objet de cet ouvrage mais lisez *« Les Lettres du Christ »* et vous comprendrez que « Dieu le Père » est une traduction malheureuse de la religion chrétienne qui est le résultat des compréhensions limitée et limitantes de l'époque ne traduisant pas la pensée du Christ laquelle était spirituelle, elle était tout sauf religieuse. Il était tout simplement difficile pour le Christ ascensionné (connu sous le nom de Jésus de Nazareth à l'époque) d'expliquer que Dieu est une énergie d'intelligence consciente et d'Amour, qu'il est à la fois Père et Mère et qu'il crée le monde par impulsions électro-magnétiques. Les sociétés patriarcales de l'époque préféraient retenir la notion de « Dieu le Père » travestissant par ailleurs et surtout totalement la pensée du Christ (alors qu'il tentait d'expliquer la nature énergétique de Dieu) puisqu'il était plus facile dans le contexte de l'époque de continuer à perpétuer le schéma d'un Dieu prenant les traits d'une personne humaine, supérieur à l'Homme, qui a créé ce dernier, le juge, le récompense et le condamne si ses créations ne lui conviennent pas. Et le plus triste c'est que nous n'avons finalement pas tellement évolué depuis.

Réfléchissez une minute et autorisez-vous à remettre en cause tout ce qu'on a pu vous enseigner jusqu'alors : Quel genre de Dieu serait-un tel Dieu ?

Ne vous ai-je pas dit que Dieu est Amour inconditionnel et nous a fait l'égal de Lui/Elle-même ?

Ne vous ai-je pas dit que notre nature est énergétique et que tout est vibrations/ondes de conscience ?

Comment Dieu pourrait-il faire l'expérience de Lui/Elle-même si Dieu vous récompensait ou vous condamnait pour vos créations ?

Dieu ne peut pas vous donner LE LIBRE ARBITRE d'une main et le retirer de l'autre.

Cela n'est pas Qui Il Est puisqu'il est Liberté, Vie, Joie, Création et Amour.

Et cela ne serait pas conforme à son objectif car son objectif est de faire l'expérience de Qui Il Est à travers vous. Cela étant, il n'a aucune raison, ni de par son essence, ni de par son objectif, de freiner ou contrôler vos créations.

Voilà pourquoi Dieu ne nous JUGE pas et ne nous CONDAMNE pas, pas plus qu'il nous RECOMPENSE. Il n'a aucune raison de le faire. Ce sont les lois vibratoires de l'Univers qui sont à l'œuvre. Le concept judéo-chrétien du « Dieu Vengeur » est une illusion.

Tout ce qui arrive dans notre monde est le résultat de nos propres créations, libres et conscientes.

Dieu ne nous reprendra jamais la liberté de créer qu'il nous a donnée.

Penser l'inverse c'est ignorer tout de la véritable nature de Dieu.

Penser l'inverse c'est ignorer tout du processus de création conscient de l'Univers.

Penser l'inverse c'est ignorer le concept d'Amour inconditionnel qui n'équivaut pas à l'amour que nous pouvons ressentir sur Terre. C'est quelque chose de vibratoirement beaucoup plus pur, beaucoup plus libre et beaucoup plus intense.

Mon fils vous le dit lui-même lorsqu'il indique :

« Papa, tu me sens toujours. Ici, l'Amour est vécu autrement et plus fort que celui des humains sur Terre. Je t'aime de cet Amour très fort, maman aussi et toute la famille. Je vous aide tous ».

DIEU EST CETTE PUISSANTE ENERGIE D'AMOUR INCONDITIONNEL ET D'INTELLIGENCE CREATRICE, LIBRE ET CONSCIENTE.

J'espère qu'avec ces explications vous toucherez de plus près ce que peut représenter la véritable nature de Dieu.

Vous comprendrez que nous ne pouvons pas voir Dieu avec nos yeux, pas plus ici qu'ailleurs mais nous pouvons Le sentir car Il fait partie de Nous et de toute chose, il est le souffle de la Vie, l'énergie divine qui compose toute chose et tout Être vivant.

Nous sommes tous composés de la même étoffe que Lui puisqu'Il Est Tout ce qui Est et rien n'existe en dehors de Lui.

Il est le Créateur et la Création, Il est le Processus de création lui-même. Il est l'Amour autour et à l'intérieur de chacun de Nous.

Il est l'énergie à l'état pur, l'énergie Primordiale et éternelle qui anime toute chose et tout Être.

Il est le souffle du vent sur nos cheveux, Il est l'odeur des fleurs de notre jardin, Il est l'Amour de notre Mère, Il est le Soleil sur notre peau, Il est la musique qui ravive notre Âme, Il Est Tout ce qui insuffle la Vie sous toutes ses formes.

Il est à la fois l'observateur et l'objet de l'observation.

Il n'y a rien qui ne soit pas Dieu car il n'y a rien qui ne soit pas Vie et Amour.

Il suffit d'en avoir conscience et de Le Manifester.

De parler de Lui pour le rendre plus présent dans le coeur des Hommes.

Dieu est pure Conscience. Cessons de Le personnifier. L'énergie de Tout ce qui Est peut prendre bien des formes et l'une d'entre elles n'est pas plus vraie qu'une autre.

Même si Dieu se manifestait à vous sous les traits d'un Homme habillé de lumière, vous finiriez par croire que telle est sa forme. Toute autre apparition différente du divin vous conduirait alors à penser de manière limitante en condamnant le fait que toute autre forme de Dieu qu'aurait vu un autre soit la vraie. Vous agiriez ainsi par l'ego et non sous les traits du Dieu en vous.

Je me répète mais la pédagogie c'est l'art de la répétition :

Dieu n'est donc ni Homme ni Femme. Il n'est pas sexué. Il n'est pas un barbu assis sur un nuage.

Il est l'Amour intelligent ou l'Intelligence aimante. Si vous ne croyez pas en Lui/Elle c'est que vous ignorez sa nature véritable.

Si je vous dis: Croyez-vous en l'Amour, croyez-vous en la Vie ?

Vous me répondrez certainement oui car vous faites au moins vous-même l'expérience chaque jour d'être vivant et d'aimer vos proches. Donc vous croyez en Dieu c'est aussi simple que cela.

Nous sommes en Lui autant qu'il est en Nous car Nous sommes Lui et Il est Nous. Nous sommes l'Amour intelligent (ou l'intelligence aimante). Nous sommes les individualisations de la Conscience divine qui n'a jamais été séparée de nous puisqu'elle définit qui nous sommes.

C'est ce que nous ne devons jamais oublier: sa présence en Nous à chaque instant de nos vies. Car il en a toujours été ainsi, il en est ainsi et il ne pourra en être autrement. Tout Ce qui Est ne peut pas ne pas Être.

2 – QU'EST-CE QUE L'EQUATION DIVINE ?

C'est une formule à ne pas oublier car elle résume ce que Nous Sommes et donc ce qu'est l'Univers/Dieu par rapport à ce que je viens de vous expliquer ci-dessus.

TOUT = UNIVERS = DIEU = CREATION = AMOUR = LIBERTE - VERITE = VIE = PAIX = JOIE = EVOLUTION = NOUS = UN.

Voilà ce que j'appelle **L'EQUATION DIVINE.**

Si vous la retenez, vous approcherez déjà de plus près de ce qu'Est Dieu et donc ce que Nous Sommes, ce que notre véritable Source d'Être Est.

Tous ces mots sont interchangeables et désignent la même Réalité Ultime de ce que Nous sommes et de ce que Tout ce qui Est EST.

C'est en quelque sorte la traduction détaillée du fameux **"Nous sommes Tous UN"**, à savoir le principe d'UNITE en spiritualité qui nous indique que nous formons tous des parties de Dieu intriquées dans un gigantesque maillage énergétique interconnecté qu'on appelle l'Univers, toutes dimensions confondues. Nous ne sommes donc séparés de rien, nous ne l'avons jamais été et nous le serons jamais. Ce serait contraire à toutes les lois spirituelles universelles.

Nous ne sommes surtout pas séparés de Dieu (puisqu'il est Tout ce qui Est) même si nous pouvons faire l'expérience de croire l'inverse.

La séparation est la plus grande Illusion créé par l'Homme et la source de nombreux malheurs.
L'Unité est la Réalité Ultime.

Concentrez-vous sur l'équation divine, méditez et comprenez en toutes circonstances que :

Tout ce qui limite l'AMOUR n'est pas Dieu. Ce n'est donc pas Qui Nous Sommes Vraiment.
Tout ce qui limite la LIBERTE n'est pas Dieu. Ce n'est donc pas Qui Nous Sommes Vraiment.

Tout ce qui limite la VERITE n'est pas Dieu. Ce n'est donc pas Qui Nous Sommes Vraiment.

Tout ce qui limite la VIE n'est pas Dieu. Ce n'est donc pas Qui Nous Sommes Vraiment.

Tout ce qui limite la PAIX n'est pas Dieu. Ce n'est donc pas Qui Nous Sommes Vraiment.

Tout ce qui limite la JOIE n'est pas Dieu. Ce n'est donc pas Qui Nous Sommes Vraiment.

Tout ce qui limite l'EVOLUTION n'est pas Dieu. Ce n'est donc pas Qui Nous Sommes Vraiment.

La Vie est en changement constant et à chaque instant nous nous reconstruisons à neuf. Créer l'Illusion que rien ne change alors que Tout est en changement perpétuel est une forme de création et donc de changement.

Tout ce qui limite DIEU n'est pas Dieu car Dieu ne connaît aucune limite.

Tout ce qui nous limite NOUS n'est pas Dieu car Dieu est Nous et Nous sommes Lui.

Ce qui limite est une barrière, un mur. Il faut sortir de ces pensées-barrières, de ces pensées-limitantes qui nous empêchent de connaître notre véritable nature et d'agir en conséquence.

Mon fils l'a très bien dit en contact médiumnique lorsqu'il m'indiquait que : *L'Amour [il faut être guidé par l'Amour]. Les portes s'ouvrent. Les peurs sont des murs.*

Ce qui limite est donc une entrave à la Liberté.

Dieu est la Liberté. Dieu nous a donné le pouvoir de choisir, par notre libre arbitre Qui Nous Sommes.

Notre pouvoir de création est illimité, tout comme l'Est Dieu.

Réattribuons-nous notre pouvoir de création, notre connaissance et notre pleine conscience. Autorisons-nous à faire sauter les barrières qui nous empêchent de nous connaître et de faire l'expérience de nous-mêmes tels que nous sommes vraiment : des énergies illimitées et éternelles d'amour libre.

3 – QUELLES IMPLICATIONS DE NOTRE COMPREHENSION DE DIEU DANS NOTRE QUOTIDIEN ?

Toute définition qui s'écarte de l'équation divine visée ci-avant n'est pas la Réalité Ultime de ce qu'est Dieu mais simplement l'expérience que nous avons choisie de faire de Dieu.

Le dieu vengeur n'est pas DIEU mais la construction mentale, qu'avec notre pouvoir de créer, nous avons de Lui, et ce depuis des millénaires. Car Dieu ne nous envoie pas en enfer si nous nous « comportons mal » selon d'ailleurs notre propre définition personnelle ou collective de ce qui est bien ou mal. Car le « bien » et le « mal » sont eux-mêmes des concepts relatifs qui dépendent de chacun d'entre nous et qui dépendent en plus de notre vision collective de la société (exemple : tuer une personne n'a pas la même signification au Moyen-Âge qu'aujourd'hui).

La réalité est que Dieu ne juge pas, ne condamne pas et n'est pas en colère contre nous.

Il n'EST pas la Peur, polarité inverse de l'Amour, et ne l'inculque donc pas. Il n'inculque pas non plus la haine ni la jalousie, toutes dérivées de la Peur et que nous nous construisons nous-mêmes par notre ego. Comme je l'ai reçu de l'invisible, *« pour que le monde aille mieux, nous devons casser ces schémas de peur qui nous gouvernent »*. Il n'est pas possible de traiter « la peur » dans cet ouvrage mais c'est notamment en suivant les 10 points figurant au chapitre **« LA NAISSANCE ET LA MORT SONT UNE SEULE ET MÊME CHOSE »** et de manière générale en diffusant des vibrations d'Amour que l'on inverse la polarité en faisant le choix conscient de diffuser l'inverse de la peur.

Car Dieu nous donne le pouvoir de créer notre réalité sans limites ni restrictions (et donc avec une totale liberté), afin de faire évoluer nos âmes et nous permettre de nous définir tels que Nous Sommes Vraiment, selon la version la plus grandiose de Nous-Mêmes.

Ce qui limite la Liberté n'est pas Dieu. Ce qui limite la Vie n'est pas Dieu. Ce qui limite l'Amour n'est pas Dieu. Ce qui limite la Vérité n'est pas Dieu.

Dieu nous aime inconditionnellement. Il nous aime tels que nous sommes, sans condition, sans limite, sans besoin, sans attente. Dans nos imperfections, nous sommes parfaits aux yeux de Dieu.

Le besoin, l'échec, la séparation, le manque, l'obligation, le jugement, la condamnation, les conditions, la supériorité et l'ignorance sont tous des illusions de notre réalité matérielle que nous nous sommes créés nous-mêmes par choix car nous avons besoin d'expérimenter les POLARITES dans la matière pour comprendre Qui Nous Sommes.

Le danger est quand nous faisons de ces illusions notre réalité.

Notre puissance de création et notre libre arbitre sont tels qu'ils sont suffisants pour que notre expérience selon laquelle les illusions son vraies devienne notre réalité.

Nous finissons alors par ignorer que nous vivons dans des illusions.

Mais notre puissance créatrice est telle qu'elle peut aussi bien défaire ces illusions si nous décidons, par choix, d'arrêter d'en faire l'expérience.

Dieu, dans tout son Amour inconditionnel, nous a donné la liberté de pouvoir choisir d'arrêter d'en faire l'expérience.

La vraie question est: aimons-nous Dieu de façon inconditionnelle tel qu'Il nous aime Lui-même pour avoir foi dans le pouvoir de création dont il nous a fait cadeau ?

Toute la tristesse du monde est que nous ne pouvons imaginer recevoir un Amour aussi grand car nous ne pouvons imaginer l'exprimer Nous-Mêmes en tant qu'êtres humains dans la mesure où nous nous pensons inférieurs à

Dieu. Pourtant, nous sommes capables de tout puisque nous sommes composés de la même étoffe que Lui.

Si nous ne connaissons pas l'Amour (le seul, le vrai, l'Amour inconditionnel), nous ne pourrons jamais comprendre ce qu'est Dieu. Nous pourrons nous approcher d'une connaissance plus précise de ce qu'est Dieu mais ne saurons jamais ce qu'Est réellement Dieu puisque nous n'aurons pas fait l'expérience de notre connaissance et dans le cas précis nous n'aurons pas fait l'expérience de l'Amour sans conditions.

C'est pourquoi, même le plus sage de tous les êtres incarnés sur Terre ne pourra qu'avoir une vision plus proche de ce qu'est Dieu par rapport à ses semblables mais ne pourra pas Le toucher totalement.

Il en va de même pour tous les êtres spirituels. Même nos anges ou nos guides spirituels, qui vivent sur des plans vibratoires très élevés et qui ont pourtant un niveau de conscience sans commune mesure au nôtre, continuent leur ascension vers le divin. Nos âmes sont dans un processus de spiritualisation infini. Plus précisément, elles ne sont pas « dans un processus », elles sont « ce processus ».

Tous les êtres spirituels (auxquels nous appartenons donc) aspirent à toucher le divin dans une ascension et une évolution éternelle. L'évolution est la nature même de Dieu. C'est un cercle sans fin. C'est ce qui fait que la Vie est la Vie. L'arrêt des choses est incompatible avec ce qu'est Dieu.

Si nous ne pouvons nous aimer les uns les autres tel que Dieu nous aime, en tant qu'UNITE du divin, c'est que nous ignorons ce qu'est l'Amour Véritable, nous ignorons ce qu'est Dieu.

Nous ne devons pas oublier que nous faisons l'expérience de ce que nous pensons. Notre perception crée notre expérience et notre expérience crée notre réalité.

Si nous imaginons être aimé par un quelconque dieu vengeur et jaloux (qui est tout sauf Liberté, Vie et Amour Véritable) telle sera notre réalité, nous en ferons l'expérience ainsi, aussi longtemps que nous le voudrons. Car Dieu ne restreindra en rien notre pouvoir de créer puisqu'il est justement Amour, Liberté et Vérité. Un Dieu qui restreint par définition ne serait pas Dieu puisque cela irait contre la Liberté naturelle qui le définit par essence.

Conséquence: Notre pensée, nos paroles et nos actions sont créateurs. Nous définissons nous même toute l'Histoire de notre Humanité depuis le départ. Nous continuons de faire l'expérience du dieu que nous pensons être Dieu, nous continuons de haïr, de détruire et de tuer (en ayant même l'outrecuidance de le faire en Son Nom! [c'est toute l'histoire des guerres de religion]) alors que nous ne le faisons qu'au nom du dieu que nous avons créé (avec notre faible niveau de conscience humain) et qui est tout sauf Lui.

Dieu nous donne les outils pour notre compréhension, nous aide à nous diriger vers la création de notre réalité, répond à nos appels à l'aide, à chaque instant. Il nous a déjà envoyé 1000 Maîtres (dont Jésus, Bouddha et tant d'autres font partie...) pour nous montrer la Voie mais Il ne décidera jamais à notre place puisque ce serait aux antipodes de ce qu'Il Est. Chacun est donc libre de définir sa propre voie relative, avec plus ou moins d'Amour.

C'est à nous de construire notre voie, de la créer.

Puisque nous avons un pouvoir total et illimité de création, que nous a confié Dieu Lui-même, nous avons le pouvoir de cesser l'expérience actuelle que nous avons de Dieu quand nous prendrons conscience que nous ne sommes jamais séparés de Lui, que nous ne l'avons jamais été et que nous ne le serons jamais.

Nous avons toute liberté de décider ou non de nous monter à la hauteur de l'Amour inconditionnel qu'il nous porte.

Nous pourrons alors nous aimer les uns et les autres tel quel Dieu nous aime. Car nous sommes tous UN.

Telle est la Réalité Ultime dont toutes nos âmes aspirent, tôt ou tard, à faire l'expérience.

Car nous RE-viendrons tous à Dieu (les développements qui suivront sur les douze Vérités sur la Mort vous le confirmeront je l'espère). Il ne peut tout simplement pas en être autrement car nous sommes Lui et Il est Nous. Il n'y a rien qui ne Soit pas Dieu car Dieu est Tout ce qui a jamais été, ce qui Est et ce qui Sera jamais, sans aucune limite ni fin possible. Quel que soit le plan vibratoire sur lequel nous nous situons, Nous ne serons jamais séparés de Lui.

La question n'est pas "Si" nous reviendrons à Dieu mais "Quand" ? Quand cesserons-nous notre expérience actuelle de Lui pour RE-venir véritablement à Lui ?

Quand ferons-nous le choix créatif le plus Haut qui soit en nous définissant chaque jour dans la version la plus grandiose de Nous-mêmes avant que notre vie telle que nous la connaissons actuellement sur Terre soit irrémédiablement compromise ?

4 – QUELS CADEAUX DIEU NOUS A-T-IL OFFERT ?

Faire de nous des créateurs et donc des dieux à part entière est le plus beau cadeau d'amour inconditionnel que Dieu nous ait fait.

C'est en comprenant la véritable nature de Dieu que l'on peut être en mesure de comprendre à quel point ce cadeau est une marque d'Amour infini de l'Univers.

Nous avons le pouvoir, par nos états d'être, nos pensées, nos paroles et nos actions de créer notre réalité et de la faire différente de celle d'un autre.

Notre pouvoir de création est donc infini, c'est la signature de Dieu en nous.

De la même façon qu'il n'existe pas un flocon de neige identique à un autre flocon de neige dans le monde (même s'ils sont similaires), il n'existe aucune création identique à une autre même si elles peuvent être semblables.

CAR LA CREATION NE SAIT RIEN FAIRE D'AUTRE
QUE CREER, A CHAQUE INSTANT.

La création se renouvelle à neuf perpétuellement. Penser le
contraire reviendrait à tuer Dieu. Arrêter de créer ou créer à
l'identique est incompatible avec les lois de l'Univers.

Autre exemple : lorsque vous vous coiffez le matin, même
si vous vous peignez de la même façon tous les jours,
croyez-vous que votre coiffure sera tous les jours
identique ? Non. Elle sera peut-être fortement similaire à
celle de la veille mais puisque vous êtes un être créateur,
elle ne sera jamais identique. Vous n'aurez jamais tous les
cheveux qui iront exactement dans le même sens que la
veille. Nous ne sommes pas des automates mais des êtres
animés (au sens premier du terme : nous sommes des
âmes).

Comprenez donc que Dieu nous a offert ce cadeau de créer.
Et créer veut dire créer à neuf. L'IDENTITE n'a pas sa
place dans la création. La création est l'amie de la
DIVERSITE.

De ce point de vue, il est inutile de demander à Dieu d'agir à notre place. Il/Elle ne le fera jamais. Comprenez que son objectif est de faire l'expérience de Lui/Elle-même à travers nous. Il ne nous ôtera jamais la LIBERTE qu'il nous a donné de pouvoir être le maître de notre création.

En revanche, il est utile de nous en remettre régulièrement à la Conscience divine lorsque nous doutons en lui demandant de nous donner l'énergie nécessaire pour réaliser nos projets et plus globalement pour créer notre réalité. C'est une façon plus judicieuse de demander à l'Univers d'intervenir pour nous aider dans votre création, en comprenant donc que l'Univers ni même quiconque ne nous supprimera notre pouvoir de création. L'Univers ne pourra que nous aider à créer à condition que nous acceptions de créer nous-même, sans vouloir remettre notre pouvoir de création à un tiers. C'est le fameux « **Aide-toi, le Ciel t'aidera** ».

En d'autres termes, comprendre la véritable nature de Dieu c'est comprendre que l'énergie divine est en nous et partout autour de nous, elle est en chaque Être. C'est comprendre que notre pouvoir de libre création c'est la signature de Dieu en nous et le plus beau cadeau que Dieu nous ait jamais fait.

Par conséquent, NOUS NE DEVONS NI NE POUVONS TRANFERER NOTRE POUVOIR DE CREATION A UN TIERS : IL NOUS APPARTIENT, IL EST INALIENABLE.

Si vous arrêtions de créer nous-même, nous arrêterions de vivre. La vie n'existe que parce qu'il y a création continuelle.

Demander à quelqu'un de créer à notre place (même si ce quelqu'un c'est « Dieu »), c'est méconnaître la nature de Dieu et c'est quelque part une façon de transférer notre vie à quelqu'un d'autre. C'est impossible, ce n'est pas comme cela que fonctionnent les Lois de l'Univers.

Vous devez comprendre que Dieu, l'Amour, la Liberté, la Vie et la Création, ce sont les mêmes mots.

Et vous devez comprendre que ces mots, Dieu les a placé en nous. C'est pourquoi nous ne sommes jamais séparés de Lui/Elle.

Dieu n'existe que parce que nous créons et il s'attend à ce que nous créions, c'est son souhait.

Je répète et vous invite à retenir cette phrase (si elle résonne en vous): L'OBJECTIF DE DIEU EST DE FAIRE L'EXPERIENCE DE LUI/ELLE-MÊME A TRAVERS NOUS.

C'EST EN EMETTANT NOTRE ENERGIE CREATRICE QUE NOUS ALIMENTONS L'ENERGIE CREATRICE DE DIEU DE LAQUELLE NOUS NE SOMMES JAMAIS SEPARES. NOUS CONTRIBUONS, PAR NOTRE POUVOIR DE CREATION, A FORMER L'ENERGIE DE LA CONSCIENCE DIVINE.

Et plus notre création émet de l'énergie sur un taux vibratoire élevé (énergie d'Amour), plus nous permettons à Dieu de révéler au monde la magnificence de son énergie d'Amour-intelligent, que nous aurons nous-mêmes contribué à créer et à incarner.

Inversement, plus notre création est vibratoirement basse (énergie de haine, de peur…), plus nous contribuons à affaiblir le taux vibratoire global de notre monde (et de notre planète) et plus nous creusons le fossé de la dualité / de la séparation d'avec la nature véritable de Dieu (et donc de notre véritable nature) qui est énergie d'Amour-intelligent ou d'Intelligence-aimante.

Mais Dieu n'interviendra pas pour nous y empêcher. C'est nous le CREATEUR. Notre LIBRE ARBITRE est trop important. Le violer serait contraire aux lois de l'Univers et donc contraire à ce qu'est Dieu. Dieu ne combattra jamais nos énergies négatives en nous ôtant le pouvoir de créer. Le croire serait méconnaître totalement la nature de Dieu. Dieu nous aime car Il/Elle EST L'AMOUR, littéralement. L'AMOUR ne peut rien faire d'autre que d'AIMER. L'AMOUR ne peut pas enlever le pouvoir créateur confié à sa créature. Car l'AMOUR c'est la LIBERTE. Dans le royaume de Dieu, il n'existe d'AMOUR que d'AMOUR LIBRE.

Dieu nous aime donc quelles que soient nos créations, en « mal » comme en « bien ». Le bien et le mal sont des concepts relatifs. Il faut résonner en termes d'EVOLUTION. L'important pour notre âme est notre intention de faire le « bien » et d'évoluer en ce sens. En ayant « l'intention de... », nous nous définissions déjà tels que nous souhaitons être : nous sommes dans un acte d'autodéfinition et donc de CREATION. En d'autres termes, en ayant « l'intention de » nous ne faisons pas, nous sommes. Nous décidons d'ÊTRE pour FAIRE et nous ne faisons pas pour être. Il faut donc inverser le paradigme du FAIRE-ÊTRE. C'est le premier pas vers l'évolution spirituelle car c'est une façon de comprendre que nous SOMMES et que c'est ce que nous sommes qui nous permet d'AVOIR et de FAIRE. Ce que nous AVONS et ce que nous FAISONS ne doit être que la CONSEQUENCE de la façon dont nous nous sommes définis au préalable tels que nous SOMMES ou tels que nous SOUHAITONS ÊTRE.

Comprenez juste que le plus tôt vous utiliserez votre pouvoir de création pour diffuser L'AMOUR, le plus tôt vous serez alignés avec votre nature divine véritable et le plus tôt vous serez heureux. Car il n'existe pas de bonheur véritable et durable sans reconnexion à votre Source d'être de JOIE et d'AMOUR. Si vous croyez l'inverse, c'est que cous confondez le PLAISIR, la SATISFACTION (alimentant l'ego) avec le véritable AMOUR LIBRE ET HEUREUX (alimentant l'âme). Si vous comprenez le sens du bonheur véritable, vous comprendrez alors que de votre bonheur dépendra celui du monde dans lequel vous vivez.

En tout état de cause, si vous arrêtez de créer ou que vous déléguez votre pouvoir créateur à autrui, vous arrêtez de vivre et vous arrêtez donc de faire vivre le Dieu à l'intérieur de vous.

ALORS PRENEZ VOTRE STYLO VOUS-MÊMES ET ECRIVEZ L'HISTOIRE DE VOTRE VIE, VOUS SEULS EN AVEZ LE POUVOIR, personne d'autre ne peut le faire à votre place. Les lois de l'Univers, que Dieu a Lui/Elle-même créées et auquel Il/Elle est Lui/elle-même « soumis », n'y dérogeront pas.

CAR AU MÊME TITRE QUE VOTRE POUVOIR DE CREATION, VOTRE LIBRE ARBITRE EST INVIOLABLE.

Il n'y a de Création que de Création Libre.

Dieu sait que la LIBERTE conduit toujours à l'AMOUR, quel que soit le temps que cela prendra. Et Dieu sait que l'AMOUR véritable conduit toujours à la JOIE.

Il faut juste que vous compreniez que seule l'énergie créatrice d'amour-intelligent vous permettra de vous rapprocher de Dieu et donc de votre Source d'Être véritable.

CHAPITRE IV

POURQUOI CHOISISSONS-NOUS DE NOUS INCARNER ?

Si vous avez bien intégré les explications du chapitre précédent sur la nature de Dieu, vous ne serez pas surpris des motifs qui conduisent nos âmes à « prendre corps » sur Terre.

La Terre sert de champ contextuel à l'expérimentation de nos âmes, le tout à des fins d'évolution.

L'objectif de l'incarnation est donc de se connaître de manière expérientielle, dans le monde du relatif (chez nous le monde terrestre de la matière) dans lequel on peut définir Qui On est Vraiment par opposition à Qui On n'Est Pas. Car ce qu'On Est « EST » uniquement parce qu'on peut faire l'expérience de ce qu'On n'Est pas.

Je ne peux me définir comme grand que parce que la petitesse existe.

Je ne peux me définir comme fort que parce que la faiblesse existe.

Je ne peux connaître le chaud qu'en faisant l'expérience du froid.

Etc.

Dans le monde absolu, le chaud n'existe que comme concept mais on ne le connaît pas vraiment sans en avoir fait l'expérience.

C'est à cela que sert le monde matériel, le monde du solide, le monde de l'énergie dense.

C'est un magnifique terrain dans lequel on peut faire l'expérience des POLARITES et ce faisant, se RAPPELER de Qui On Est Vraiment en choisissant de se définir à chaque instant selon la version la plus Grandiose de Nous-mêmes, le tout avec notre libre arbitre car il n'existe de création que de création libre.

Au sens strict, la Terre n'est pas une école puisqu'il n'y a rien à apprendre. Toute la connaissance est déjà en Nous (et l'a toujours été). Nous avons en nous toute la connaissance de l'Univers : Dieu Lui/Elle-même l'y a placée. Il s'agit donc davantage d'un mécanisme d'extraction de la connaissance plutôt que d'insertion de la connaissance. Nous n'APPRENONS pas mais nous nous RAPPELONS. De ce point de vue, j'aime à dire que la Terre n'est pas vraiment une école mais plutôt une sorte de centre de rééducation ou de réapprentissage.

Nous sommes venus pour nous RAPELLER de notre nature divine, nous rappeler de Qui Nous Sommes Vraiment, en nous créant à neuf à chaque instant, progressivement, de façon évolutive et dans un cycle sans fin.

L'incarnation est le support de l'expérimentation de l'âme dans le monde relatif, pour les besoins de son évolution. On pourrait en somme la résumer et la définir ainsi.

Une âme a d'innombrables vies sur Terre car elle choisit de s'offrir différents points de vue afin de se créer différentes expériences. Ainsi, elle peut évoluer.

L'objectif de cet ouvrage n'est pas de vous parler de réincarnations mais je vous expliquerai juste en quelques mots comment fonctionne le processus d'incarnation car cela nous servira pour la suite des développements.

Le processus d'incarnation consiste pour une âme à effectuer une descente vibratoire vers la Terre pour ce qui nous concerne (la Terre étant un plan d'existence plus lourd énergétiquement) pour intégrer le corps du fœtus et réaliser son expérience humaine. Au préalable, l'âme a défini avec son guide spirituel son « plan d'incarnation ».

Pour ceux qui l'ignorent, chaque âme incarnée sur Terre possède au moins un guide spirituel. Le guide spirituel est un être évoluant sur un plan vibratoire très élevé qui décide de s'occuper de plusieurs âmes (de niveaux de conscience différents) et dont la mission est de GUIDER ces âmes afin qu'elles réussissent au mieux leur incarnation, car le guide sait ce que l'âme a choisi de travailler dans cette vie, il l'a même aidée à remplir son « bagage » d'incarnation avant qu'elle n'effectue sa descente vibratoire. J'ai réalisé une publication entière réservée aux guides spirituels sur la page *« La Voix des Messagers »* dont l'URL est citée en fin d'ouvrage au chapitre « **SITE DE L'AUTEUR** ». Je vous invite à la lire si vous souhaitez davantage d'informations sur les guides. Mais retenez que votre guide, à qui vous êtes connectés même sans le savoir, est votre meilleur allié, il est présent auprès de « vous » bien avant votre naissance et jusqu'après votre « mort » pour vous guider à chaque instant, sans vous juger, car il vous aime d'un Amour inconditionnel.

Dans le cadre de la définition de son plan d'incarnation avec l'aide de son guide, se pose la question pour l'âme du choix des âmes qui joueront le rôle de ses parents dans son incarnation imminente. Avant de s'incarner, l'âme a « tourné autour » de ceux qui seront ses futurs parents sur Terre et a choisi les éléments qui marqueront sa vie en fonction de ce qu'elle est venue travailler dans cette vie afin de croître en expérience : les parents sont choisis (ce sont d'ailleurs bien souvent des membres du même groupe d'âmes que l'âme qui s'incarne car les membres d'un même groupe d'âmes s'entre-aident dans leur évolution), le lieu et la date de la naissance sont choisis, idem pour la date de la mort. Les principaux événements de la vie terrestre de l'âme sont également choisis avec l'aide et la sagesse de son guide spirituel qui est présent pour la conseiller: si en tant qu'âme vous êtes venus travailler la solitude dans cette vie, il y a donc peu de chances que vous puissiez empêcher par exemple que votre conjoint vous quitter. C'est un exemple bien sûr et je veux dire par là que les événements principaux de votre vie ont été choisis par votre âme. Les âmes passent entre elles des « contrats d'âmes » avant de s'incarner.

Voyez donc l'incarnation comme une sorte de pièce de théâtre gigantesque où nous jouons tous des rôles, chacun vis-à-vis des autres, pour évoluer.

De ce point de vue, quelqu'un que vous détestez dans votre incarnation (exemple : un père très froid et très autoritaire) a peut-être conclu avec vous un contrat d'âme pour jouer ce rôle vis-à-vis de vous afin de vous permettre d'expérimenter l'autorité, de gagner en assurance, de vous imposer et de permettre à votre âme de valider cette expérience. Sans doute étiez-vous vous-mêmes très autoritaires dans une autre vie et que le fait d'avoir choisi un père autoritaire dans votre vie suivante vous permettra de guérir de votre autorité et ainsi valider cette expérience.

Mais arrivés de l'autre côté, les masques tombent et votre père autoritaire dans cette dernière vie (qui était peut-être un grand frère très sympathique dans une précédente existence) vous retrouvera et vous comprendrez à un niveau superconscient (celui de votre âme ayant retrouvé l'intégralité de ses connaissance et non celui de votre conscience d'être humain) pourquoi vous aviez fait ce choix d'incarnation et pourquoi votre âme en avait besoin pour évoluer.

Vous me demanderez peut-être : « *Quelle place a le libre arbitre si les principaux événements de notre vie sont choisis par notre âme et qu'ils doivent donc nécessairement se produire ?* »

Je vous répondrai alors : TOUTE LA PLACE QUI EXISTE CAR VOTRE ÂME C'EST VOUS.

VOUS N'ÊTES PAS VOTRE CORPS et VOUS ÊTES BIEN PLUS QUE CE QUE VOUS CROYEZ ÊTRE.

Du point de vue conscient (votre « moi » terrestre), vous exercez votre libre arbitre partout pendant votre vie sauf pour les événements que votre âme aura choisi au préalable et que vous devrez vivre dans cette vie (mort d'un proche, séparation d'avec votre conjoint, expérimenter la richesse, expérimenter la pauvreté... et que sais-je encore). Et ces événements vous ne vous en rappelez pas (c'est ce qu'on appelle le « voile de l'oubli ») car si vous connaissiez la raison de votre présence avant de venir, les dés seraient pipés et vous n'apprendriez rien.

Mais du point de vue superconscient (votre « je » véritable, votre âme), votre libre arbitre reste entier car c'est votre âme qui a choisi les événements qu'elle a placé dans son sac avant de s'incarner. Son guide spirituel l'y a aidé en la conseillant mais le guide ne prend pas la décision à la place de l'âme. Si l'âme ne souhaite pas l'écouter, elle conserve au final son libre arbitre.

VOTRE POUVOIR DE CREATION ET VOTRE LIBRE ARBITRE SONT LES CADEAUX QUE DIEU VOUS A FAIT: NI DIEU LUI/ELLE-MÊME NI AUCUN ÊTRE SPIRITUEL (A PART VOUS) NE POURRA VOUS LES RETIRER.

Bien sûr, vous pourrez me dire également que cela vous fait une belle jambe d'apprendre ou de vous rappeler que votre incarnation n'est qu'une expérience de plus pour votre âme (ce qui malgré tout serait réducteur) car en attendant vous souffrez des événements que nous avez choisi de vivre le temps où vous êtes sur Terre à vivre votre incarnation, ce qui est le cas par exemple si vous avez dû vivre la perte d'un enfant, qui est certainement l'une des pires épreuves d'incarnation.

Mais la souffrance, comme toute création, est toujours une question de point de vue : elle est une expérience de la réalité et comme toute expérience elle peut cesser si vous en faites le choix en décidant de TRANSCENDER la souffrance pour en faire quelque chose de beau et pour toucher de plus près votre Source d'être et le matériau qui fait de vous ce que vous êtes : des êtres d'Amour.

Cela nous amène au cœur du propos car je n'ai pas oublié à qui j'ai dédié ce livre : à mon fils, aux enfants de l'au-delà qui sont dans la même situation que mon fils et qui aimeraient tant que leurs parents croient en l'Amour éternel et en la survivance de l'âme ; et bien sûr à tous les parents qui sont meurtris dans leur cœur et jusque dans leur chair et pour qui j'aimerais tant, à mon petit niveau, que ce livre puisse être un rayon de lumière qui pénètre leur cœur en permettant à celui-ci de refleurir.

CHAPITRE V

LES VERITES SUR LA MORT

J'aurais pu intituler ce chapitre « Les Vérités sur la Vie » car la mort n'existe tout simplement pas.

Il n'existe que la Vie, sous de multiples formes possibles.

Néanmoins, « les Vérités sur la Mort » me semblait être un titre plus percutant pour la compréhension de tout un chacun

De la même façon, la « survivance de l'âme » est un abus de langage (même si la formule est compréhensible par tous) car le corps meurt, tel un costume de scène que l'on laisse derrière soi après avoir joué la pièce de notre vie, mais l'âme a toujours existé : elle existait avant le costume et lui survivra après, jusqu'à la fin des temps...

... qui n'arrivera jamais.

En tout cas, avant de parler avec vous de la mort, il fallait d'abord comprendre que la Vie c'est Dieu, que la Vie c'est l'Amour, que la Vie c'est la Liberté, que la Vie c'est la

Joie, que la Vie c'est l'Evolution / la Croissance, que la Vie est infinie car elle ne peut pas ne pas être. Elle ne peut pas ne pas être la Vie.

En répondant aux interrogations sur la mort, on répondra d'ailleurs à bon nombre de questions que chacun peut se poser à propos de la Vie. Car avoir une compréhension plus profonde de ce qu'est la mort vous donnera une compréhension plus profonde de qu'est la Vie.

Plusieurs propos à venir (dont peut-être cette section-ci) risquent de choquer certains lecteurs.

Si tant est qu'il soit encore nécessaire de le dire, je ne suis pas chargé de vous convaincre. Vous avez la puissance créatrice nécessaire pour faire votre propre expérience et votre propre réalité de ces vérités concernant la mort.

Même si vous n'êtes pas d'accord avec tous mes développements, ce que vous retiendrez en tout cas je l'espère après tout cela, c'est que LA MORT N'EXISTE PAS et que LA VIE EST ETERNELLE.

Quand vous vous convaincrez vous-mêmes que la Mort n'existe pas, qu'elle n'est qu'un passage vers « autre chose », VOUS N'AUREZ PLUS PEUR DE LA MORT (ni de la vôtre ni de celle de vos proches).

ET QUAND ON N'A PLUS PEUR DE MOURIR, ON N'A PLUS PEUR DE VIVRE.

C'est là tout l'intérêt de comprendre ce qu'est la mort, c'est-à-dire rien ! Elle n'est rien ! Car dans les Lois Spirituelles de l'Univers, IL N'EXISTE QUE LA VIE !

Vous saurez alors au plus profond de vous-mêmes que vos chers envolés continuent de vivre et sont heureux. Vous ouvrirez vos consciences à des réalités foisonnantes de richesse, de liberté et d'amour et ce faisant, je l'espère, vous capterez leurs signes. Car comment voulez-vous faire l'expérience de leur existence sur un autre plan si vous-mêmes avez choisi de faire de leur « mort » (au sens de « fin de l'existence de leur être », ce qui est un oxymore épouvantable) votre expérience et donc votre réalité ?

Ce que je vais vous raconter dans ces chapitres sur la mort est tiré de mes propres mots. Mais il est bien évident que je n'ai pas inventé ces Vérités. Elles sont la résultante de lois spirituelles universelles. Vous retrouverez notamment ces rappels sur la Mort, sous forme de discussion, dans « *Conversations avec Dieu, Retour à Dieu* » que je vous invite très vivement à lire et qui est cité dans la « **BIBLIOGRAPHIE** » de ce livre.

Voici donc les douze Vérités (ou rappels) sur la mort.

1 - MOURIR EST UN ACTE VOLONTAIRE, PROGRAMME ET ORCHESTRE

Voici la 1ère Vérité sur la mort : MOURIR EST UN ACTE VOLONTAIRE. VOTRE DEPART DE CETTE TERRE EST PROGRAMME ET PARFAITEMENT ORCHESTRE.

Mourir est donc un acte intentionnel.

IL N'Y A PAS DE HASARD, PAS DE COÏNCIDENCE.

Le moment, le lieu et les circonstances de votre mort sont prédéterminés à un niveau superconscient (celui de votre âme).

Evidemment que consciemment (au niveau de votre ego terrestre), personne ne souhaite a priori mourir et personne n'a programmé son départ. On souhaite même bien souvent que ce soit le plus tard possible et dans les circonstances les plus paisibles possibles.

Sauf qu'au niveau de l'âme, vous avez décidé précisément avant de vous incarner à quel moment vous partirez, où, comment et pourquoi.

Cela échappe à votre niveau de conscience mais il en va de ce qu'a choisi votre âme avec son guide spirituel avant de s'incarner pour un nouveau parcours terrestre.

Du point de vue de l' « âme », mourir est un acte volontaire et merveilleux et la mort doit être accueillie comme la vie, car mourir c'est vivre mais sous une forme différente, dégagée des contraintes du corps physique. Certains parlent de « libération », de « retour à la maison », de retour à un état léger d'existence qui n'est pas caractérisé par la dualité terrestre car l'enfer nous nous le créons nous-mêmes. Ce « retour à la maison » renvoie à nos « origines » car nous sommes des êtres spirituels venant faire des expériences terrestres et non l'inverse.

MOURIR c'est délaisser le manteau qu'est le corps et monter vibratoirement pour rejoindre d'autres plans d'existence (sauf choix différent de celui qui part et qui pourrait décider pour plusieurs raisons qu'on évoquera peut-être dans un autre livre, de rester vibratoirement à un niveau proche de la Terre).

NAÎTRE c'est la même chose mais dans l'autre sens : c'est quitter notre « statut » d'âme dans l'au-delà pour rejoindre, par une descente vibratoire, des plans plus lourds d'existence tels que celui de la Terre.

Attention : je ne fais EN AUCUNE FACON l'apologie de la mort. Toute forme de Vie est belle et parfaite et doit être vécue, elle est conforme à ce que chacun a choisi. La dualité est un merveilleux champ contextuel qui nous est offert pour croître, parfois bien plus rapidement que dans des dimensions non empreintes de physicalité. Quoi qu'on en dise, la difficulté est source d'accomplissement.

En définitive, MOURIR est un acte VOLONTAIRE et PROGRAMME. On meurt délibérément.

Les raisons échappent à notre ego. Mais elles sont parfaitement connues de notre âme. C'est elle qui a tout choisi pour son évolution. Nous ne nous en rappelons pas, volontairement, car comment pourrions-nous vivre notre vie et croître spirituellement si nous connaissions déjà les règles du jeu avant de jouer ?

2 – ON NE PEUT MOURIR CONTRE SON GRE

Voici la 2ème Vérité sur la mort : **ON NE PEUT MOURIR CONTRE SON GRE.**

Du point de vue de l'âme, nous ne sommes pas victimes de notre mort puisque les circonstances de celle-ci sont délibérément choisies avant l'incarnation.

RIEN N'ARRIVE SANS NOTRE CONSENTEMENT.

Nous n'avons pas choisi notre mort consciemment mais superconsciemment.

Et peu importe la place qu'à notre libre arbitre dans nos incarnations. Quels que soient les différents chemins que nous empruntons (certains moins ardus que d'autres en fonction de nos choix), nous ne pouvons pas rater ce « RETOUR » qu'on appelle la Mort.

Lorsque l'âme décide de partir (parce qu'elle l'avait choisi ainsi) elle part.

Personne ne peut lui imposer de faire mourir le corps qui sert de support à son incarnation, au même titre que personne ne peut lui imposer de le conserver pour prolonger sa vie sur Terre.

Je ne dis pas que les soins qu'ils soient « traditionnels » ou énergétiques et les prières ne servent à rien, bien au contraire. Je dis juste que lorsque l'âme a vraiment décidé qu'il était temps de partir, on ne peut pas la retenir, ce qui doit être doit être. Evoluer c'est aussi accepter l'impermanence des choses même si c'est insupportable pour nous autres humains.

L'âme retrouve l'intégralité de sa connaissance de l'autre côté et comprendra d'elle-même et/ou à l'aide de son guide, soit en visionnant en « rewind » le film de la vie terrestre qu'elle vient de quitter, soit en consultant la « bibliothèque » (anales akashiques) après son temps de repos, pourquoi elle a fait ce choix délibéré de terminer son expérience terrestre à ce moment précis et dans ces circonstances précises, sans que personne à part elle-même ne l'ait fait mourir contre son gré.

3 – AUCUN CHEMIN DE RETOUR N'EST MEILLEUR QU'UN AUTRE

Voici la 3ème Vérité sur la mort : AUCUN CHEMIN DE RETOUR N'EST MEILLEUR QU'UN AUTRE. QUOI QUE VOUS FASSIEZ, VOUS RETOURNEREZ TOUS A DIEU.

Vous pouvez faire aussi longtemps que vous voulez l'expérience d'une vie sans percevoir ou ressentir l'énergie de Dieu en vous et autour de vous. Si telle est votre expérience, telle sera votre réalité. Pour autant, en tant qu'âme individuelle, en tant que conscience individuelle formant partie du grand TOUT, Dieu vous accueillera en toutes circonstances à bras ouverts dans son royaume d'Amour.

Autrement dit, même si vous ne « croyez » pas en Dieu, vous retournerez quand même à Dieu. C'est plutôt une bonne nouvelle ! Et c'est assez logique : comment Dieu, qui est Amour inconditionnel, pourrait-il faire de différence entre ses créatures ?

Et quand je dis « Dieu » vous avez désormais bien compris qu'il ne s'agit pas du Dieu de la religion, mais du Dieu-énergie, créateur et création du TOUT dans le processus de création illimité qui Le/La définit Lui/Elle-même.

Lorsque vous lisez *« Les Lettres du Christ »,* qui ont été canalisées par une médium inconnue qui a souhaité rester anonyme à la demande du Christ ascensionné Lui-même, vous comprenez que Jésus n'a pas trouvé Dieu après avoir été tenté par le diable lors de sa traversée du désert. Cela est une méconnaissance totale de la nature de l'Univers. Je ne vais pas me faire des amis en vous disant cela mais je n'écris pas ce livre pour m'en faire. Lors de sa traversée du désert, Jésus avait « tout simplement » compris la nature énergétique de l'Univers et sa « révélation » a été de comprendre que TOUT N'EST QUE PURE CONSCIENCE. Il voyait de ses propres yeux, avec une clairvoyance absolue, les particules qui composaient chaque être vivant et a vu LA VIE en toute chose, depuis le ventre des oiseaux dont les cellules fonctionnent avec une coordination et une harmonie parfaite jusqu'aux particules en mouvement composant les pierres et les rochers et que notre science moderne appelle aujourd'hui les particules atomiques et subatomiques. Jésus avait compris depuis le départ que le rocher, dans son illusion d'immobilité, C'EST DIEU. Les particules subatomiques en mouvement perpétuel dans le rocher C'EST NOUS. Autrement dit, NOUS SOMMES CE QUI FAIT TENIR LE ROCHER. NOUS SOMMES LA DIVERSITE DANS L'UNITE DE DIEU. Et cela, les religions ne vous l'ont jamais enseigné. Les religions ne vous ont jamais dit que Dieu est en Nous et que c'est Nous qui faisons tenir le rocher ; c'est nous qui faisons que le rocher EST rocher. Sans Nous, DIEU n'existerait pas car il n'existe que parce que nous lui permettons de faire l'expérience de Lui/Elle-même à travers Nous. Au lieu de cela, les religions ont préféré vous enseigner des pensées limitantes réduisant la nature des choses à une vision humaine selon laquelle Dieu est séparé de Nous et que c'est un être supérieur qu'il faut vénérer et qui a la capacité de nous juger et nous punir si nous n'agissons pas conformément à ses lois, lois d'ailleurs que l'Homme a créé lui-même en nous faisant croire qu'elles viennent de Dieu alors que l'Homme ignore tous des lois spirituelles qui gouvernent l'Univers. Il ignore que les lois de Dieu ne peuvent prôner la PEUR et le CONTRÔLE des créations et encore moins le contrôle des gens, A AUCUN MOMENT. Les lois de Dieu sont vibratoires. Et c'est précisément l'Amour qui permet d'augmenter les vibrations de la Conscience divine.

Malgré tout cela, Dieu / la Source / L'Univers (appelé Le/La comme vous le voulez) se moque bien de nos croyances. Il/elle ne s'intéresse qu'à notre vie spirituelle. Il/elle ne s'intéresse pas à ce que nous pensons et à notre vie matérielle mais à ce que nous sommes. Vous pouvez donc bien évidemment être un fervent catholique, juif, musulman ou que sais-je encore et être animé de cette intention de diffuser des vibrations d'Amour. Peu importe en somme le chemin que vous emprunterez, vous faites partie de Dieu, vous retournerez donc nécessairement à Lui/Elle, c'est une Loi immuable de l'Univers.

Cessons de croire que Dieu choisit ses « élus ». Encore une fois, Dieu n'est pas un homme barbu assis sur un nuage qui récompense les bons et punit les mauvais selon une quelconque loi du bien et du mal construite de toutes pièces par l'ego humain.

Quel genre de Dieu serait un tel Dieu ?

Comment un tel Dieu pourrait-il prôner l'Amour inconditionnel si lui-même vous aimait de façon conditionnelle ?

Vous n'avez pas à plaire à Dieu. Dieu vous aime quoi que vous AYEZ, quoi que vous FASSIEZ et quelles que soient vos croyances ou vos religions. Il/Elle est Amour-intelligence pur(e). Il/Elle vous aime parce que VOUS ÊTES. Alors contentez-vous d'être qui vous êtes vraiment.

DIEU C'EST VOUS.

L'UNITE EST LA REALITE FONDAMENTALE DE L'UNIVERS.

LA SEPARATION ENTRE LES ÊTRES SUR LAQUELLE REPOSE LE MYTHE DU DIEU VENGEUR EST UNE ILLUSION CREEE PAR L'HOMME.

Ceci étant rappelé, au même titre que tous les chemins mènent à Rome, TOUS LES CHEMINS MENENT A DIEU.

Si vous n'avez pas compris les Lois spirituelles qui régissent l'Univers, c'est-à-dire si vous vous éloignez du Dieu qui est en vous (sans volontairement parler de « bien » ou de « mal »), vous mettrez tout simplement plus de temps pour retourner à Dieu. Il vous faudra sans doute davantage d'incarnations ou autrement dit davantage d'expériences dans la matière pour comprendre que vous êtes une source divine d'Amour inépuisable.

En d'autres termes, c'est votre niveau D'EXPERIENCE et donc votre NIVEAU DE CONSCIENCE qui détermine le fait que vous mettrez plus ou moins de temps à « toucher » Dieu. CAR AUCUNE ÂME NE PARVIENT EN UNE SEULE VIE A LA CONSCIENCE ABSOLUE. L'EVOLUTION EST UNE LOI IMMUABLE DE L'UNIVERS.

Mais les mêmes Lois Spirituelles de l'Univers vous conduiront, tôt ou tard, inévitablement à rejoindre la Conscience divine et fusionner avec elle car vous ne pouvez renier QUI VOUS ÊTES. Vous êtes tous en tant qu'âmes un morceau de Dieu, même ceux et celles qui ont fait beaucoup de mal pendant leur vie. COMPRENEZ QU'IL N'Y A NI VICTIMES NI BOURREAUX DANS LES LOIS DE L'UNIVERS. IL N'Y QU'EXPERIENCES ET CONSEQUENCES. Quelqu'un que vous qualifiez de « mauvais » mettra probablement plus de temps à évoluer, c'est même fort probable. Mais il n'existe pas de purgatoire et son âme n'est pas envoyée en enfer et encore moins détruite. Il arrivera sur le plan vibratoire qui est le sien, par application des lois de l'Univers. Si en ayant été « mauvais » durant sa vie et ayant donc émis « peu » de vibrations d'Amour son plan vibratoire est un plan du « bas astral », il s'y retrouvera par application des lois vibratoires. Mais libre à lui ensuite de poursuivre son évolution et de décider ou non d'ascensionner, pas à pas. Il n'est ni anéanti ni condamné. Il conserve son LIBRE ARBITRE et donc sa faculté d'ascension vibratoire, si tel est son choix.

Dieu sait que chacun mettra plus ou moins de temps (ou d'expérience puisque le « temps » est relatif) pour retourner à Lui/Elle mais il sait que CHACUN retournera à Lui, peu importe les chemins que le libre arbitre de chacun le conduira à emprunter au fil de ses expériences dans la matière.

En tant que morceau de Dieu, votre âme sait au fond d'elle-même qu'elle n'a en fait jamais quitté Dieu et que l'expérience de la séparation est une illusion servant de champ d'expérimentation dans le monde physique. La vie nous semble être un voyage alors que nous sommes depuis le départ déjà à destination. Dieu a toujours fait partie de nous. Nous devons EN FAIRE L'EXPERIENCE pour que cette réalité absolue devienne notre réalité relative.

Retourner à Dieu c'est faire l'expérience qu'on a en réalité jamais quitté Dieu. Ce serait impossible car quitter Dieu reviendrait à quitter la Vie. Or, Dieu est TOUT CE QUI EST. Il/Elle est la Vie elle-même. La Vie ne peut pas ne pas être la Vie. C'est pourquoi la mort ne peut pas ne pas être autre chose qu'une illusion fondée sur le mythe de la séparation entre Dieu et l'Homme.

Voilà pourquoi vous pouvez être rassurés : vous êtes des êtres éternels qui retournerez tous à votre Source d'Être (Dieu), quels que soient les chemins que vous empruntez et quel que soit le « temps » que cela prendra pour faire évoluer votre niveau de conscience. Vous ÊTES : c'est le plus important.

Tout est dans ces mots :

VOUS ÊTES.

Vous ne pouvez pas NE PAS ÊTRE.

Je vous partage ici, j'espère à point nommé, un message que j'ai reçu des « guides » la nuit du 21 au 22 août 2024 :

« Ce qui est amusant avec l'être humain c'est qu'il ne sait pas qu'il est impossible de trouver l'éternité tant qu'il n'est pas lui-même convaincu de l'avoir trouvée ».

Ce message a été publié dans la *« Voix des Messagers »*.

Je vous laisse faire votre expérience de ce message s'il vous parle.

Selon moi, les guides s'amusent, avec bienveillance bien sûr, de notre prétendue ignorance.

Eux savent que toute la connaissance de l'Univers est en nous.

Ils savent que nous sommes des êtres éternels et que l'Univers (Dieu) nous donne accès à toute l'information disponible si nous avons le niveau de conscience nous permettant de l'extraire, petit à petit.

Plus notre niveau de conscience augmente, plus l'information nous est distillée au compte-goutte, selon ce que nous sommes capables de comprendre et d'intégrer.

EN CLAIR, NOUS AVONS DONC ACCES A LA CONNAISSANCE QUI CORRESPOND A NOTRE NIVEAU DE CONSCIENCE.

Mais TOUTE connaissance est préexistante. Elle a toujours existé. Elle est comme fermée à clé dans une petite boîte qui se trouve au fin fond de notre Être. Et ce que nous ignorons c'est que la clé se trouve juste à côté de la boîte.

Nous passons parfois notre vie (et même plusieurs vies) à chercher cette clé alors qu'elle se trouve sous notre nez depuis le départ. Mais on ne peut tourner cette clé dans la serrure de la boîte que si notre niveau de conscience progressif nous permet d'accéder à l'information que contient la boîte. La boîte ne contient que ce qui est accessible à notre niveau de conscience au moment où l'on décide de l'ouvrir. On peut donc ouvrir plusieurs fois la boîte dans une même vie ou dans des vies successives et l'information qui s'y trouvera sera plus grande à chaque fois, plus complète, plus assemblée, plus globale au fur et à mesure de notre croissance spirituelle. Notre croissance spirituelle nous permettra de réaliser les interactions nécessaires en assemblant entre elles toutes les informations qu'on aura extraites de la boite et en comprenant que ces informations forment un tout cohérent, toujours plus dense. C'est l'accès au savoir, l'accès à la conscience de l'Univers qui nous sont dévoilés progressivement. Si nous avions accès d'une seule traite à toutes les informations que contient la boîte nous ne le comprendrions pas, nous serions comme une poule qui a trouvé un couteau car **LA CONNAISSANCE N'EST RIEN SANS LA CONSCIENCE PERMETTANT DE L'EXPLOITER.**

La porte du bonheur, de la paix intérieure et de l'amour éternels nous est accessible si nous acceptons d'ouvrir nos consciences.

L'Univers entier est une agglomération de vibrations constituant une gigantesque énergie de conscience qu'on appelle Dieu et qui est la traduction à l'échelle macroscopique de ce que nous sommes à l'échelle microscopique. Observez un iris d'œil : il ressemble à une galaxie.

Nous ne sommes pas simplement éternels, nous sommes l'ETERNITE, comme l'est Dieu lui-même.

Nous pouvons avoir accès à l'information dont nous avons besoin au moment où nous en avons besoin si nous ouvrons notre conscience. Et pour ouvrir notre conscience, il faut que nous SOYONS. Il faut que nous recherchions profondément à l'intérieur de nous qui nous sommes vraiment.

Nous ne nous définissons pas par ce que nous faisons mais par notre état d'être au moment où nous faisons ce que nous faisons.

Dieu est à l'œuvre à chaque instant à travers chacun d'entre nous, dans la Vie comme dans l' « après-Vie ». Il n'existe que la Vie.

4 – LA MORT EST TOUJOURS UN CADEAU

On rentre dans les révélations certainement « choquantes » pour bon nombre d'entre nous car :

Voici la 4ème Vérité sur la mort : LA MORT N'EST JAMAIS UNE TRAGEDIE, C'EST TOUJOURS UN CADEAU.

Certains disent même que LA MORT EST UN CADEAU MAL EMBALLE. MAIS UN CADEAU QUAND MÊME.

« La mort est un cadeau que nous offrent ceux qui partent. Un cadeau exigeant, écrasant, mais un cadeau. La possibilité de grandir, de comprendre, de s'ouvrir, d'apprendre » **(Pierre BOTERO).**

La mort d'un proche qu'on aime tant (un parent, un enfant...) crée une souffrance indicible et à un même niveau d'importance une OUVERTURE DE CONSCIENCE sans commune mesure si nous sommes prêts à la recevoir car elle nous pousse à chercher le sens de la vie, à ouvrir des portes, à en fermer d'autres, à chercher les raisons de notre existence, à redevenir qui on est vraiment, à se raccrocher à l'essentiel. Et l'essentiel c'est étymologiquement notre essence d'être : notre nature spirituelle d'êtres de lumière et d'amour.

Il faut voir la mort comme un acte de création ; car chaque événement de nos vies est en réalité un acte de création, soit au niveau conscient et superconscient (le « Moi » + le « Je » l'ont choisi), soit à tout le moins au niveau superconscient (« on » n'a pas choisi de mourir mais notre âme avait programmé à l'avance que c'était l'heure, les circonstances et l'endroit).

De ce point de vue (au moins au niveau de l'âme), la mort est toujours un choix délibéré comme nous l'avons vu ci-dessus à la Section « Mourir est un acte volontaire, programmé et orchestré » (1ère Vérité sur la Mort).

Il est très difficile de l'accepter au niveau conscient (humain) car la mort d'un proche est absolument insupportable et on se dit pourquoi nous ? pourquoi lui/elle ? pourquoi maintenant ? pourquoi comme ça ? Les raisons sont superconscientes et on le saura tôt ou tard (ici ou dans l' « après-vie »).

Mais ce qu'il faut retenir c'est que chaque mort est porteuse d'un enseignement : pour celui/celle qui part et pour ceux/celles qui restent.

Et cet enseignement a toujours à voir avec L'EVOLUTION.

Encore une fois, il n'y a ni récompenses, ni punitions, ni victimes, ni bourreaux. Tout ceci sont des concepts humains dérivés du mental / de l'ego.

La vie spirituelle ne raisonne qu'en termes d'apprentissage, de croissance, d'évolution, d'expansion, d'ascension.

Ce que l'on peut appeler un « mal » peut s'avérer être un « bien » pour l'évolution de notre âme.

Les polarités sont toujours le revers d'une même médaille. Spirituellement, est sage celui qui comprend l'enseignement que vient lui apporter la mort, que ce soit la sienne ou celle d'un proche.

Encore faut-il comprendre que nous sommes éternels et que ce qu'on appelle « la mort » n'est rien d'autre qu'un changement de forme, un changement de plan vibratoire.

Certains me diront alors : *« oui mais en attendant nous ne pouvons plus voir notre proche dans le monde physique, et cela nous fait souffrir ».*

Je suis entièrement d'accord et vous imaginez bien la souffrance qui a pu être la mienne au départ de mon fils et qui l'est encore bien que j'ai appris à la laisser faire son œuvre et à m'apaiser progressivement.

Car je sais qu'il est en vie, j'ai des signes très précis de lui, et je sais qu'il est heureux et qu'il brille de mille feux. Quand on aime vraiment, seul le bonheur de ceux/celles qu'on aime nous importe. L'Amour véritable est AMOUR LIBRE.

Je sais aussi qu'en rejoignant le monde astral il a retrouvé l'intégralité de la connaissance qui est la sienne et conserve l'affectivité d'un enfant tout en ayant la sagesse d'un adulte.

J'apprends alors à cultiver un autre lien avec lui qui n'est pas un lien physique.

Il faut sortir de nos pensées terrestres limitantes et de nos croyances erronées pour comprendre cela.

Nous nous mettons des barrières inutiles. Notre ego les construit lui-même pour survivre et nous empêcher de comprendre qui l'on est vraiment. L'ego veut être NOUS, il ne veut pas se contenter d'être ce qu'il est : L'OUTIL dont se sert notre âme pour réaliser son expérience dans la matière.

Nous sommes à une période de l'existence humaine ou nous devons apprendre à casser les schémas mentaux qui nous gouvernent depuis des siècles voire depuis des millénaires.

Comprendre que la mort est un cadeau c'est comprendre au préalable les lois qui gouvernent l'Univers et comprendre que nous sommes des êtres spirituels qui n'ont aucune limite et pour qui L'ASCENSION est l'objectif constant. Vivre c'est évoluer. VIE et EVOLUTION ne peuvent exister l'un sans l'autre. S'il n'y ni Vie ni Evolution il ne peut y avoir de Dieu et vice versa.

La mort c'est la vie qui se poursuit autrement. La vie physique ne sert que de contexte à expérimenter ce qu'on a choisi de vivre spirituellement après quoi nous « retournons à la maison » pour réfléchir peut-être à une prochaine expérience terrestre ou ailleurs.

Il faut donc voir la mort comme un outil de création de qui l'on EST.

Car si on réfléchit bien, la mort physique, qu'on appelle « la grande mort », n'est pas la seule mort. Nous vivons tout au long de notre vies des « petites morts » à chaque fois que nous comprenons un enseignement et changeons de point de vue. Car tout est question de point de vue, de perception, toujours. Le point de vue crée notre expérience. L'expérience crée notre réalité.

A chaque fois que nous dormons, notre âme rejoint d'ailleurs le monde astral sans que nous en ayons forcément conscience et notre corps est en mode « recharge ». D'un certain point de vue, c'est une forme de mort puisque c'est une forme de création de qui nous sommes. Notre âme voyage pendant que nous dormons, c'est sa porte de sortie, son échappatoire dans un monde à vibrations lourdes comme celui de la Terre ou pendant que nous sommes éveillés nous faisons la plupart du temps taire notre âme et nous nous abandonnons à notre mental où se bousculent des milliers de pensées pendant la journée.

Quelle place pour l'âme dans tout cela ?

Nous sommes tellement happés par nos quotidiens matérialistes que nous en oublions fondamentalement qui nous sommes.

En définitive, je pense que chacun aura changé de niveau de conscience et aura franchi une première étape importante de développement spirituel en comprenant profondément l'enseignement que peut représenter la mort d'un proche, et ce indépendamment de la souffrance et de notre volonté quotidienne de serrer dans nos bras ceux qu'on aime et que nous croyons avoir « perdus ». Et cette étape, chacun est amené à choisir ou non de la franchir puisque nous sommes tous confrontés à un moment donné à la mort d'un proche, c'est évidemment inéluctable. La question est : sous quel angle déciderons-nous de voir les choses au moment où cela arrivera ? Eckhart Tolle écrit lui-même dans *« Le Pouvoir du Moment Présent »* que l'une des façons de mesurer notre niveau de conscience est d'observer notre manière d'appréhender les choses dans les pires moments de notre existence.

Ceux qui sont partis nous enseignent que la Vie est immensément plus vaste que nos existences terrestres et que la mort est une illusion, que notre nature est spirituelle avant d'être humaine. Que la Vie est éternelle. Qu'étant nous-mêmes la Vie, nous sommes éternels. Que le temps n'existe pas. Que nous n'avons jamais eu de commencement et que nous n'aurons jamais de fin car nous sommes des êtres INCONDITIONNELS : nous ne sommes donc pas CONDITIONNES par un début ni par une fin. Nous ne pouvons réfléchir à cela avec notre niveau de conscience limité qui ne nous permet pas d'appréhender pleinement ce qu'est L'INCONDITIONNALITE, l'absence d'espace, l'absence de temps, l'absence de début, l'absence de fin, bref l'absence de CONDITIONS à nos existences.

Notre mental et notre niveau de connaissances limités nous poussent à rechercher toujours l'ORIGINE des choses alors que nous ne pouvons appréhender le concept D'ABSENCE DE COMMENCEMENT, D'ABSENCE D'ORIGINE DES CHOSES tel que nous l'entendons.

COMPRENONS ALORS JUSTE QUE NOUS SOMMES car NOUS AVONS TOUJOURS ETE et NOUS SERONS TOUJOURS, UN POINT C'EST TOUT. NOUS SOMMES DIEU A L'ŒUVRE A CHAQUE INSTANT DE L'ETERNEL PRESENT. LA VIE N'A JAMAIS EU DE COMMENCEMENT ET N'AURA JAMAIS DE FIN, COMME DIEU LUI-MÊME.

Nos envolés nous enseignent que notre Source d'être est la même que celle de l'Univers tout entier, dans une interconnexion gigantesque de tout ce qui vit avec le grand TOUT d'Amour, de Conscience et d'Intelligence qu'on appelle DIEU.

On ne s'accomplit que dans la difficulté. Les défis de notre vie sont les tests de notre conscience. La matérialité rend la vie difficile mais elle rend aussi l'apprentissage grandiose. A défaut, pourquoi nous incarnerions-nous dans des corps physiques ? Si nous le faisons, c'est en effet que notre âme y trouve un quelconque intérêt. Et cet intérêt c'est L'EVOLUTION. L'EVOLUTION même impose de terminer un cycle de vie pour en démarrer un autre et ainsi de suite.

En ce sens, la mort est un cadeau, elle est toujours porteuse d'enseignement. Elle vous pousse à rechercher qui vous êtes.

Réfléchissez bien : je pense que c'est au fond ce que souhaite Dieu.

Dieu ne se montre pas à vous spontanément même s'il sait qu'il est EN VOUS depuis toujours.

S'il le faisait, qu'apprendriez-vous ?

DIEU CHERCHE A CE QUE VOUS LE RECHERCHIEZ VOUS-MÊMES ET QU'EN LE RECHERCHANT VOUS FINISSIEZ PAR COMPRENDRE QU'IL A TOUJOURS ETE LA AUPRES DE VOUS ET EN VOUS. SEULS VOUS L'IGNORIEZ. LUI NE S'EST JAMAIS ABSENTE DE VOTRE ÊTRE. COMMENT LE POURRAIT-IL ? VOUS ÊTES LUI ET IL EST VOUS.

RECHERCHER DIEU C'EST DEJA L'AIMER.

DIEU CHERCHE DONC A CE QUE VOUS LE RECHERCHIEZ PAR VOUS-MÊMES POUR POUVOIR CREER CE LIEN D'AMOUR AVEC LUI.

IL CHERCHE A CE QUE VOUS COMPRENIEZ SA NATURE VERITABLE ET QU'A TRAVERS LUI VOUS COMPRENIEZ DONC QUI VOUS ÊTES.

En perdant un proche, si votre niveau de conscience le permet, vous allez essayer de comprendre pourquoi, vous allez donc rechercher Dieu. C'est inéluctable. C'est ce que j'ai fait.

Si vous le recherchez sincèrement, il se montrera à vous et vous comprendrez que vous n'avez jamais été séparés de Lui.

Vous comprendrez alors pourquoi la mort est un cadeau. En recherchant Dieu, vous vous retrouverez vous-même car vous n'êtes pas séparés de Lui. Il cherche non seulement à ce que vous le compreniez mais surtout A CE QUE VOUS EN FASSIEZ L'EXPERIENCE.

DIEU SOUHAITE QUE VOUS FASSIEZ L'EXPERIENCE DE LUI-MÊME ET QU'A TRAVERS LUI VOUS FASSIEZ L'EXPERIENCE DE QUI VOUS ÊTES.

ET C'EST A TRAVERS VOUS QUI FAITES L'EXPERIENCE DE DIEU QUE DIEU FAIT L'EXPERIENCE DE LUI-MÊME.

Si ces deux derniers paragraphes ont causé chez vous un nœud au cerveau, c'est bon signe : c'est que vous comprenez que Dieu n'est pas différent de vous.

Mais comme Dieu est « Liberté » il ne vous impose rien. Seul vous pouvez décider de LE rechercher et de comprendre qu'il est déjà en Vous car vous êtes LUI.

Même en admettant que Dieu ne respecte pas votre Libre Arbitre (ce qui est impossible car contraires aux lois universelles), en vous imposant de le rechercher vous n'apprendriez rien et vous ne Le trouveriez pas car l'impulsion de création ne proviendrait pas sincèrement de votre Être.

Or Dieu est VIE, AMOUR et LIBERTE mais il est aussi **VERITE.**

Vous ne pouvez le trouver que SI VOUS DECIDEZ **VERITABLEMENT** ET **SINCEREMENT** DE LE RECHERCHER.

Mon fils me manque terriblement.

Mais JE L'AIME profondément et je sais qu'il est heureux, c'est tout ce qui compte.

Et je sais désormais que LA MORT N'EST RIEN.

Alors je le remercie pour ce cadeau. Sans lui, je n'aurais pas écrit ce livre. Sans lui, vous n'auriez pas lu ces lignes.

Il faut être une âme évoluée pour avoir choisi délibérément de servir la mission de vie d'autres âmes et contribuer à l'ouverture nécessaire des consciences.

JE T'AIME FILS. TU AS TOUJOURS ETE LE CADEAU.

5 – VOUS NE FAITES QU'UN AVEC DIEU, IL N'EXISTE AUCUNE SEPARATION

Voici la 5ème Vérité sur la mort : VOUS NE FAITES QU'UN AVEC DIEU (DANS LA VIE COMME DANS L' « APRES-VIE »). IL N'EXISTE AUCUNE SEPARATION.

Cette loi universelle fondamentale justifie toutes les autres et ne fait pas exception lorsque l'on parle de la mort : il s'agit de notre UNITE avec le Tout.

LA VIE C'EST DIEU MATERIALISE.

Il n'y a aucune façon de matérialiser la Vie si ce n'est pas par le biais de Dieu (l'Univers) qui est Tout ce qui Est.

Pourtant, nous sommes tous des consciences individuelles. Nous sommes donc DIFFERENTS sans pour autant être SEPARES.

L'UNITE ne veut pas dire L'IDENTITE. Nous sommes UNIS à Dieu dans la DIVERSITE de nos Êtres. C'est tout ce qui justifie la diversité de la Vie, quelles que soient les formes que la Vie peut prendre.

DIFFERENCIATION NE VEUT PAS DIRE SEPARATION.

N'étant pas séparés de Dieu, nous ne pouvons mourir.

Si l'on mourrait (au sens d'arrêt de la Vie), Dieu prendrait fin avec Nous.

Cela est totalement impossible et incompatible avec les Lois de l'Univers puisque tout repose sur l'existence de la Vie, et donc sur l'existence de Dieu, et donc sur notre propre existence, le tout sans fin possible, dans une perpétuelle EVOLUTION.

NOUS SOMMES LA VAGUE, DIEU EST L'OCEAN.

La vague, même si elle se fond dans l'océan, ne cesse d'être vague et peut réapparaître en tant que vague en rejoignant le rivage.

Cette analogie vous permet de comprendre ce que nous sommes et ce qu'est Dieu.

La présence de la vague sur la plage est une démonstration de l'existence de l'océan qu'est Dieu.

De la même façon, lorsque la mort arrive, c'est que Nous (Âme) et à travers nous le Dieu que nous sommes, avons décidé de mourir. La vague que nous sommes a à nouveau rejoint l'océan. Elle pourra un jour, si elle le décide, prendre l'initiative de goûter à nouveau à la fraîcheur du rivage.

Nous comprendrons dans l' « après-vie » que tout ce qui nous est arrivé dans notre vie (y compris notre mort) était parfait. C'était le dessein de notre Âme. Nous avons rejoint l'océan pour redevenir une vague plus puissante encore et plus consciente d'elle-même.

Même noyée dans l'océan qu'est Dieu, la vague conserve son individualité malgré sa fusion avec l'UNITE. Une goutte d'eau noyée dans la mer conserve sa mémoire d'eau et aussitôt retirée de la mer peut redevenir la goutte d'eau qu'elle était.

La DIVERSITE est absolument compatible avec l'UNITE car la création ne crée jamais à l'identique sinon Dieu ne survivrait pas. Même dans notre diversité d'êtres, nous restons UNIS à Dieu, dans la Vie comme dans la Mort, car la Mort n'existe pas, il n'existe que la Vie, en toutes circonstances.

Du fait de notre UNITE avec toute chose, si nous mourrions, l'intégralité de l'Univers prendrait fin avec Nous car Dieu ne peut exister sans la survivance des morceaux qui le composent et qui font qu'il est L'INTEGRALITE de Tout Ce qui Est. On ne peut diviser ou réduire Dieu en supprimant plusieurs de ces morceaux. Car supprimer des morceaux de Dieu reviendrait à dire que Dieu n'est pas Tout ce Qui Est. Ce serait incompatible avec les lois de l'Univers car ce serait admettre qu'il existe des choses qui ne sont pas Dieu. Même avec notre niveau de conscience, nous pouvons comprendre que cela est impossible pour une bonne et simple raison : chacun connaît à un moment de sa vie le décès d'un ou plusieurs de ses proches et est pourtant à même de constater que la « disparation » de ce proche n'a pas causé sa propre disparition de cette Terre.

C'est très basique : nous constatons que nous continuons d'exister sur Terre alors que nos proches décédés n'y sont plus selon nos sens habituels (la vue, l'ouïe…).

Cela veut tout simplement dire que la mort n'existe pas et qu'elle n'est qu'un passage : une transformation de la Vie en une autre forme de Vie, car les « morceaux » de Dieu représentés par nos proches décédés ont certes disparu de notre vue mais ils n'ont pas disparu de l'Univers.

En d'autres termes : **ON NE PEUT ALTERER LE CARACTERE IRREDUCTIBLE DE DIEU.**

DIEU SERA TOUJOURS TOUT CE QUI EST.

ON NE PEUT SUPPRIMER AUCUN MORCEAU DE DIEU.

Car dans le cas contraire cela voudrait dire que Dieu est une chose « finie » et le principe de l'UNITE de toute chose entraînerait notre disparition en même temps que celle de nos proches et l'Univers tout entier disparaitrait en un claquement de doigt.

Nous voyons bien que les lois de l'Univers ne fonctionnent pas comme cela.

DIEU N'EST NI FINI NI REDUCTIBLE. S'IL L'ETAIT, LE PROCESSUS DE CREATION PRENDRAIT FIN DE LUI-MÊME.

Si la planète Terre (et avec elle l'intégralité de l'Univers) continue d'exister alors que les êtres qui la peuplent meurent, c'est que ces derniers changent de forme mais continuent de vivre. Sinon l'UNITE de toute chose entraînerait l'extinction du TOUT avec elle.

Croire en la mort c'est donc renier l'UNITE de toute chose. Renier l'UNITE de toute chose c'est se croire SEPARES de Dieu. Or, si nous observons chaque être vivant, nous pouvons y voir LA VIE, depuis la plus petite fourmi jusqu'au mammifère le plus grand. Pourquoi la Vie serait différente chez la fourmi de chez l'éléphant ? Il n'existe qu'une seule énergie de Vie et une seule Conscience créatrice de la Vie. L'UNITE du Tout est dès lors incompatible avec la disparation d'un seul des éléments composant le Tout, aussi infime soit-il, car IL NE PEUT RIEN EXISTER EN DEHORS DE DIEU. Au même titre que Vous, la fourmi, votre chat, votre chien… ne cessent de vivre. Ils continuent d'exister sous une autre forme de vie, perpétuant ainsi l'existence de la totalité de la Conscience universelle, infinie, illimitée et irréductible.

Cela nous amène à la 6ème Vérité sur la Mort:

LA MORT N'EXISTE PAS.

6 – LA MORT N'EXISTE PAS

Voici la 6ème Vérité sur la mort, et concrètement celle que chacun retiendra : LA MORT N'EXISTE PAS.

ET CE POUR UNE BONNE ET SIMPLE RAISON : C'EST QU'IL N'EXISTE TOUT SIMPLEMENT RIEN D'AUTRE DANS L'UNIVERS QUE LA VIE.

CAR IL N'EXISTE RIEN D'AUTRE DANS L'UNIVERS QUE DIEU.

IL N'EXISTE RIEN D'AUTRE QUE LA CONSCIENCE DE TOUTE CHOSE CREATRICE DE TOUTE CHOSE, DANS UN INFINI PROCESSUS DE CREATION, DE TRANSFORMATION, BREF D'EVOLUTION. CELA NE LAISSE DONC PAS PLACE A LA MORT. L'ARRÊT DE LA VIE EST INCOMPATIBLE AVEC CE QU'EST LA VIE ET LE PROCESSUS DIVIN ET ILLIMITE DE CREATION.

Même si vous ne croyez pas à une vie après la mort, il y en aura une car :

VOUS NE POUVEZ CHANGER L'ULTIME REALITE MAIS UNIQUEMENT L'EXPERIENCE QUE VOUS EN FAITES.

En effet, vous faites l'expérience de vos croyances, à la fois sur Terre (en pensant par exemple qu'il n'existe rien après votre vie dans la matérialité) mais aussi de l'autre côté du voile, avec la surprise (pour certains) de vous apercevoir que **VOUS N'ÊTES PAS DU TOUT VOTRE CORPS.**

Certaines religions ont fait un premier pas en avant en vous disant que vous n'êtes pas QUE votre corps.

C'est partiellement vrai et donc partiellement faux. Car vous n'êtes PAS DU TOUT votre corps.

Gardez toujours l'esprit ouvert par rapport aux choses dont vous n'avez pas fait l'expérience personnelle, dans un sens comme dans un autre.

Ne considérez donc pas ce que je vous dis comme vrai et incontestable, mais ne considérez pas non plus que cela puisse être faux.

Ne vous enfermez pas dans des croyances limitantes, qu'elles soient sociales, éthiques, religieuses et mêmes spirituelles…

Votre expérience (quelle qu'elle soit) est la vôtre, elle n'est celle de personne d'autre.

Faites alors votre propre expérience, ouvrez vos consciences en toutes circonstances et assemblez les pièces du puzzle de vos expériences. Votre vérité ne proviendra jamais de l'extérieur.

La mort ne déroge pas à la règle : au moment de votre mort, vous ferez l'expérience de ce que vous croyez ; et vos croyances dépendent elles-mêmes de votre point de vue et de votre niveau de conscience. Si vous croyez en Dieu, vous le verrez tel que vous le croyez, sachant qu'il n'a aucune forme plus qu'une autre évidemment puisqu'il est l'énergie de tout. Si vous ne croyez en rien, vous ne verrez rien mais vous pourrez sortir de cet état de « néant » dès que vous l'aurez souhaité. Si vous croyez en l'enfer, vous ferez l'expérience de l'enfer (en tant qu'observateur) tel que vous l'aviez imaginé mais vous pourrez sortir de cet état dès que vous l'aurez souhaité.

Le dénominateur commun est que vous saurez que vous continuez à penser et à exister et vous vous rendrez compte que votre pensée crée votre réalité, beaucoup plus vite dans l'astral que sur Terre.

Pour reprendre l'exemple de l'enfer (mais c'est valable pour toute croyance), l'enfer n'existe donc pas ou plutôt, vous êtes le seul à le créer selon vos perceptions. Si vous pensez qu'il existe, il existera mais vous pourrez en sortir aussitôt que vous l'aurez décidé. Entre parenthèses, c'est aussi le cas sur Terre : l'enfer n'existe que parce que nous le créons (individuellement et/ou collectivement).

Si vous pensez que l'enfer n'existe pas, il n'existera pas.

LA PREMIERE ETAPE lorsque vous mourrez est que vous vous apercevrez que vous n'êtes plus dans votre corps. Si vos croyances étaient celles d'une absence de vie en l'absence de corps, vous serez quelque peu désorientés car vous vous apercevrez que votre corps était quelque chose que vous aviez mais qu'il n'a jamais été ce que vous êtes. Contrairement à ce qui est soutenu dans certains courants de pensée scientifiques, votre CONSCIENCE ne se situe pas QUE dans votre cerveau ni dans votre corps de façon générale. Votre CONSCIENCE remplit chaque cellule de votre corps mais elle remplit également tous vos corps subtils (corps astral, corps mental, corps causal…) et même tout l'espace et le temps. C'est votre corps physique qui n'est qu'un corps subtil de votre âme et non l'inverse. Votre âme inclut le corps, ce n'est pas le corps qui inclut l'âme. Votre âme s'étend jusqu'aux confins de l'Univers, sa force vibratoire ne s'éteint jamais et elle interpénètre le champ vibratoire de toutes les autres âmes pour former l'UNITE de ce qu'on appelle DIEU ou Conscience divine. Telle est la réalité spirituelle de Ce que Vous Êtes.

LA DEUXIEME ETAPE est que vous ferez l'expérience de vos croyances : si vous croyez que vous serez enveloppés dans les bras d'un Dieu d'amour inconditionnel, telle sera votre expérience. Si vous pensez que vous avez été « mauvais » et que vous méritez l'enfer, telle sera également votre expérience. Mais même dans ce que vous appelez « l'enfer », vous n'en serez que l'observateur, sans en souffrir. Et vous pourrez en sortir aussitôt que vous aurez décidé vous-même d'en sortir, toujours avec votre libre arbitre.

Tout sera donc conforme en somme à l'idée que vous vous faites des choses et de l'existence, en fonction du niveau de conscience que vous aviez en quittant votre expérience sur Terre. En effet, les lois de l'Univers s'appliquent en toutes circonstances et sont catégoriques : **VOUS ARRIVEREZ DE L'AUTRE CÔTE AVEC LE NIVEAU DE CONSCIENCE QUE VOUS AVIEZ AVANT DE QUITTER LE MONDE TERRESTRE.**

La raison en est très simple, elle est VIBRATOIRE. C'est automatique. Votre morale, votre éthique, vos croyances n'y feront rien car elles ne déterminent pas qui vous êtes. L'Univers vous place dans le plan vibratoire qui est le vôtre, ni plus ni moins, avant comme après la « mort ».

Ignorer les vibrations, c'est méconnaître le fonctionnement de l'Univers, c'est ignorer complètement comment fonctionne le processus de création de toute chose, et ce quel que soit le plan vibratoire sur lequel vous vous trouvez. La Terre n'en fait pas exception, c'est un plan vibratoire comme un autre.

Autrement dit, VOUS CREEZ VOTRE VIE CONTINUELLEMENT, DANS LA VIE COMME DANS LA MORT CAR LA MORT N'EXISTE PAS : ELLE EST LA VIE AUTREMENT.

TOUT EST CREATION PAR LA CONSCIENCE.

Il est donc possible de sortir aussitôt de l'étape n°2 dès que vous serez prêt à en sortir, en comprenant que vous n'êtes pas vos croyances.

Bien entendu, vous retrouverez également les êtres que vous avez aimés car la vibration d'Amour est le ciment qui unit toute forme de vie et de création. Mais cela fera l'objet d'une autre Vérité sur la Mort.

LA TROISIEME ETAPE est la fusion avec votre essence d'Être.

Autrement dit :

- Lors de la première étape, l'âme (= Qui Vous Êtes Vraiment) comprend qu'elle n'est pas un CORPS.

- Lors de la deuxième étape, l'âme (= Qui Vous Êtes Vraiment) comprend qu'elle n'est pas SES CROYANCES.

- Lors de la troisième étape, l'âme (= Qui Vous Êtes Vraiment) comprend ce qu'elle est : son essence d'être est illimitée, multidimensionnelle, inconditionnelle et éternelle. Elle n'est pas ce à quoi elle s'était volontairement limitée dans sa dernière incarnation (qui servait de champ contextuel à son expérimentation, à sa croissance, à son évolution en tant qu'âme). Lors de la troisième étape, votre âme retrouve donc en somme sa PLEINE CONNAISSANCE et sa pleine CONSCIENCE. Elle se rappelle notamment ce qu'est la « SEQUENTANEITE » : la survenance de Tout dans l'instant où cela survient, autrement dit l'absence d'espace-temps propre au monde relatif. L'âme sait que le temps est VERTICAL. Il n'est pas HORIZONTAL comme sur Terre à la façon d'une frise chronologique. Le temps n'existe pas comme nous le pensons car il n'y a que le présent et les événements s'empilent de façon séquentielle sur un même piquet vertical qu'est le PRESENT (voilà pourquoi on parle de SEQUENTANEITE : c'est la contraction entre SEQUENTIEL ET SIMULTANE). Dans le monde physique, nous croyons traverser le temps qui est une illusion car en fait nous ne faisons que traverser le Seul Moment Qui Soit. Tout se passe toujours dans le présent : le passé est le présent d'hier et le futur est le présent de demain. Tout ceci l'âme le comprend et le retrouve en suivant son guide, en consultant les anales akashiques après son « temps de repos »... ; l'âme, si elle le souhaite, peut accéder à ses « vies antérieures » qui du point de vue de l'absence de temps horizontal sont plutôt en quelque sorte des vies « parallèles ».

Plusieurs publications relatives à l' « ESPACE » et au « TEMPS » ont été réalisées sur la page *« La Voix des Messagers »* et il ne s'agira pas de développer plus en profondeur cette thématique ici.

En définitive, la mort est donc UN ACTE DE CREATION, un processus par lequel vous rétablissez votre IDENTITE D'ÂME en mettant fin aux illusions que vous pensiez vraies : celle du temps, celle de l'identification à votre corps, celle de la fin de la vie…

OR, IL N'Y A QUE LA VIE POUR CREER.

SI NOUS CONTINUONS DE CREER DANS LA VIE COMME DANS LA « MORT », LA MORT N'EST DONC QU'UN CHANGEMENT D'ETAT DE VIE, SANS REMETTRE EN CAUSE LA VIE ELLE-MÊME QUI EST ETERNELLE.

C'est la 7ème Vérité à propos de la Mort et la conséquence directe du caractère illusoire de la Mort : **LA VIE EST ETERNELLE.**

7 – LA VIE EST ETERNELLE

Voici donc la 7ème Vérité sur la mort : LA VIE EST ETERNELLE.

Il est impossible de perdre la vie car NOUS SOMMES LA VIE. On ne peut pas perdre ce qu'on EST. La Vie nous définit, elle n'est pas une possession, elle n'est pas un AVOIR. Ce faisant, ce qu'on appelle la « mort » c'est en réalité toujours LA VIE, mais autrement.

En comprenant que la mort est un passage vers une autre forme de vie et que donc la Vie est éternelle et se poursuit en toutes circonstances sur d'autres plans vibratoires, nous ne devrions plus craindre la mort et accueillir toute forme de Vie comme un cadeau, comme le chemin perpétuel par lequel nos âmes, morceaux éternels de Dieu, passent pour les besoins de leurs évolutions respectives.

Nous pouvons craindre l'inconnu, c'est l'histoire de l'Humanité (car l'ego recherche le confort), mais il nous incombe d'atteindre le niveau de conscience nous permettant de mettre fin aux illusions que nous tenons pour vraies : celle du temps, celle de la mort, celle du besoin, celle de notre séparation avec Dieu, celle de notre prétendue supériorité sur d'autres formes de vie, celle de la conditionnalité des choses etc.

L'Âme sait que la Vie est éternelle : elle a décidé de venir s'incarner dans un corps en choisissant avec son guide ce qu'elle devait venir travailler pour son évolution et en choisissant même à l'avance le moment où elle mettra fin à cette expérience d'incarnation. L'Âme sait pertinemment que la Vie continuera après sa énième expérience terrestre (qui n'est qu'un clin d'œil dans l'éternité). La Vie reprendra même de plus belle après qu'elle aura quitté le corps qu'elle est venue habiter, désormais enrichie d'une nouvelle expérience dans la matière.

L'Âme choisit donc de mettre fin à sa dernière expérience terrestre dans la matière uniquement lorsqu'elle aura réalisé tout ce qu'elle était venue vivre dans sa dernière vie.

De ce point de vue, il est impossible D'ECHOUER sa vie terrestre. L'échec est une illusion de l'ego. L'Âme a toujours quelque chose à tirer de chaque expérience qu'elle fait dans la matière.

Pour l'Âme, LE MOMENT ET LES CIRCONSTANCES DE LA MORT SONT DONC TOUJOURS PARFAITS : C'est la 8ème Vérité sur la mort.

8 – LE MOMENT ET LES CIRCONSTANCES DE LA MORT SONT TOUJOURS PARFAITS

Voici la 8ᵉᵐᵉ Vérité sur la mort : **LE MOMENT ET LES CIRCONSTANCES DE LA MORT SONT TOUJOURS PARFAITS (CAR LA MORT DE CHAQUE PERSONNE SERT TOUJOURS LE PROGRAMME D'AUTRES ÂMES).**

Certains diront : *« Comment pouvez-vous dire cela alors que mon père est décédé d'une longue maladie très éprouvante ? »* Ou encore : *« Comment pouvez-vous dire cela alors que mon enfant est mort très jeune d'un accident de voiture ? »*. On peut multiplier les exemples et croyez bien que je connais ces questions et la souffrance et la colère qu'elles peuvent susciter.

Le départ de vos proches doit pourtant être un moyen d'ouvrir vos consciences.

Nous l'avons évoqué précédemment : la mort est toujours porteuse d'enseignement, elle est un cadeau mal emballé.

Cet enseignement a toujours à voir avec votre propre évolution spirituelle.

Pour rebondir sur cette 8ème vérité, quand je vous dis que le moment et les circonstances de la mort sont toujours parfaits, c'est au niveau superconscient bien entendu : celui de l'Âme.

Il est évident que la disparation d'un parent, d'un enfant, d'un frère, d'une sœur, d'un grand-parent, mais aussi d'un animal ou que sais-je encore (puisqu'il n'est pas question d'un point de vue spirituel de juger de l'importance d'une vie par rapport à une autre et donc de « hiérarchiser » la vie) peut susciter les émotions humaines les plus vives car notre niveau de perception est extrêmement étroit du point de vue de nos expériences humaines, quoi qu'on en dise.

OR, PASSE LE PREMIER CAP DE LA SOUFFRANCE (MÊME SI CELLE-CI PEUT TOUJOURS FAIRE PARTIE DE NOUS DANS NOTRE INCARNATION) IL FAUT AVOIR LA LUCIDITE, LA PRESENCE D'ESPRIT ET LE NIVEAU DE CONSCIENCE POUR VOIR LA PERFECTION DANS LE PLAN DE DIEU.

CAR DIEU ET LA VIE NE FONT QU'UN.

AUCUNE MORT N'ARRIVE DONC EN VAIN ET TOUTE MORT APPORTE UN MESSAGE A CEUX QUI QUITTENT LA TERRE ET A CEUX QUI RESTENT.

Si le moment et les circonstances de la mort sont toujours parfaits, c'est que la mort de chaque personne sert toujours le programme d'autres personnes. Il suffit que celles-ci en prennent conscience. C'est en quelque sort le corollaire à cette 8ème Vérité.

Par conséquent, aucune vie n'est jamais gaspillée : **PERSONNE NE MEURT JAMAIS EN VAIN.**

Prenez l'exemple d'un jeune homme parti à vingt ans d'un accident de moto, après avoir été percuté par le conducteur d'une voiture en état d'ivresse.

Vous aurez compris que le départ de ce jeune homme a été choisi par son âme, peu importe les raisons, elles nous échappent ici dans cet exemple fictif mais elle tiennent toujours à une prise de conscience, à une évolution.

Croyez-vous que cette prise de conscience n'atteigne que le jeune homme passé de l'autre côté du voile ?

Non, bien entendu.

Ses parents l'avaient eux-mêmes choisis avec l'âme de leur enfant par un « contrat d'âmes » pour venir travailler eux-mêmes ce qu'ils avaient décidé de venir travailler dans cette incarnation: la solitude, la souffrance, le pardon... que sais-je encore, **LES ÂMES ONT LEURS RAISONS ET ELLES NE SE TROMPENT JAMAIS** : elles savent ce dont elles ont besoin pour évoluer. Un « mal » sur Terre peut se transformer en « bien » d'un point de vue de l'Âme dès lors que cela sert son évolution. Nous ne raisonnons donc pas sur le même niveau de conscience.

De ce point de vue, le départ du jeune homme dans l'exemple ne servait pas que son programme à lui, il servait aussi bien entendu celui de ses parents, très certainement même celui de ses frères et sœurs qui avaient peut-être décidé de faire l'expérience de grandir dans la difficulté ou dans l'ombre du départ d'un frère.

C'est très dur du point de vue humain et croyez-bien qu'étant donné l'expérience que j'ai vécue, je ne porte absolument aucun jugement sur cela. Bien au contraire l'écoute, la compréhension et la compassion sont toujours de rigueur. Mais pour autant c'est très clair du point de vue de l'âme.

Allons même plus loin : pensez-vous dans l'exemple du jeune homme tué en moto que les membres de sa famille soient les seules âmes parties à ces interactions ?

Non.

Le conducteur de la voiture alcoolisé qui a percuté le jeune homme avait lui-même choisi (pas son « Moi » mais son « Je » véritable = son Âme) de vivre cet événement, sans doute pour expérimenter le repentir, la rédemption, la compassion, le pardon…

IL Y AVAIT DONC DE MULTIPLES ÂMES EN CO-CREATION DE LEUR REALITE DANS CET EXEMPLE. CHACUNE AVAIT UN PROGRAMME EN TRAIN DE S'EXECUTER.

Je le répète : LE HASARD N'EXISTE PAS. IL N'Y A PAS DE COÏNCIDENCE.

CAR TOUT PROCESSUS DE CREATION DE NOTRE REALITE EST UN PROCESSUS CONSCIENT, ET MÊME SUPER-CONSCIENT.

Chaque mort apporte donc un message à ceux qui partent et à ceux qui restent.

Ce message ne vous sera pas délivré spontanément, et ce pour la même raison que votre « chemin d'incarnation » ne vous sera pas délivré.

Si vous connaissez les règles du jeu avant de jouer, les dés sont pipés et votre incarnation perd de son intérêt.

VOUS ÊTES LES SEULS A POUVOIR RECHERCHER ET COMPRENDRE LE SENS SPIRITUEL DES EVENEMENTS DE VOTRE VIE.

EN D'AUTRES TERMES, LA VIE N'A DE SENS QUE CELUI QUE VOUS DECIDEZ DE LUI DONNER.

NI DIEU NI LES GUIDES SPIRITUELS NE SE PERMETTRONT DE DONNER UN SENS A VOTRE VIE A VOTRE PLACE. CAR CE N'EST PAS COMME CA QUE LES LOIS DE L'UNIVERS FONCTIONNENT.

VOTRE LIBRE ARBITRE EST INVIOLABLE. POUR GRANDIR SPIRITUELLEMENT, VOUS DEVEZ LE DECIDER.

NUL NE PEUT ÊTRE MAÎTRE DE VOTRE EVOLUTION A PART VOUS-MÊMES.

L'Univers ne fera jamais aucune entorse à cette règle. Dieu vous aidera si vous lui demandez (vos guides le feront aussi, il sont également l'énergie divine vibrant à haut niveau et se feront un plaisir de vous guider sur votre chemin si vous leur demandez, ils sont là pour cela) mais PERSONNE ne vous donnera aucune solution que vous ne pourriez trouver vous-mêmes car :

- Vous avez votre libre arbitre. Dieu étant LIBERTE, il n'y dérogera pas ;

- La Vérité est que vous seul déterminez, avec votre pouvoir de création, le sens que vous DECIDEZ de donner à votre vie et les enseignements que vous décidez de tirer de vos expériences. Dieu lui-même ne peut donc pas créer votre expérience à votre place car VOUS ETES LE DIEU A L'ŒUVRE, CREATEUR DE VOTRE PROPRE REALITE. C'EST EN CREANT VOTRE EXPERIENCE QUE DIEU APPREND A SE CONNAITRE LUI-MÊME A TRAVERS VOUS.

A travers toutes nos expériences terrestres, nous n'accomplissons pas une quête, mais une expérience sans fin de Dieu à travers une succession d'événements SEQUENTANES qui peuvent être similaires mais qui ne sont jamais identiques car LA CREATION (DIEU) NE SAIT RIEN FAIRE D'AUTRE QUE CREER.

Je remercie alors mon fils d'avoir servi mon propre programme, d'une façon ou d'une autre, et Dieu sait qu'il l'a fait.

9 – LA NAISSANCE ET LA MORT SONT UNE SEULE ET MÊME CHOSE

Voici la 9ème Vérité sur la mort : LA NAISSANCE ET LA MORT SONT UNE SEULE ET MÊME CHOSE

Si nous l'ignorons, c'est que nous avons oublié qui nous sommes.

Dans le monde matériel, on célèbre la naissance et on craint la mort alors que du point de vue de l'âme, naître est difficile, c'est quitter la « maison » pour effectuer une descente vibratoire. Inversement, mourir se traduit par une montée vibratoire, un retour à un état léger et fluide d'existence, un retour à notre Source d'être, grandiose et illimitée.

Naître comme Mourir sont des choix délibérés de l'âme, CE SONT DES EVEMEMENTS DE CREATION.

C'EST L'EXERCICE PLEIN ET ENTIER DE L'IMMENSE POUVOIR CREATEUR QUE DIEU NOUS A CONFERE ET QU'ON APPELLE LE LIBRE ARBITRE.

D'un point de vue spirituel, mourir n'est donc pas plus triste que naître. C'est par notre expérience terrestre que nous décidons, avec notre libre arbitre, de faire de la mort un événement triste.

Du point de vue de l'âme, ce n'est pas le cas.

Cessons donc d'accepter comme une loi absolue les diktats sociaux et religieux qui conduisent à la croyance collective selon laquelle la mort doit nécessairement être un événement d'une tristesse absolue, diktats eux-mêmes fondés sur la méconnaissance du principe spirituel de l'Unité totale de chaque être vivant avec le TOUT qu'on appelle Dieu.

Mourir n'est pas une séparation.

Rien n'est jamais séparé de rien.

La séparation c'est nous-mêmes qui la créons.

Elle est réelle physiquement, elle est un leurre spirituellement.

Bien sûr que nous sommes profondément tristes à l'idée de ne plus pouvoir interagir avec nos proches « disparus » sur notre plan vibratoire de matière et ne plus pouvoir les serrer dans nos bras.

Cela est extrêmement difficile et n'est pas contesté, loin s'en faut !

Mais réfléchissons une seconde : pouvons-nous réellement affirmer, sans être malhonnêtes, que notre crainte de la mort n'est pas dictée un minimum par nos croyances sociales et/ou religieuses ?

On nous enseigne depuis notre naissance que la mort est une séparation et que ce qui n'est plus sur Terre n'est plus. On nous enseigne donc que notre EXISTENCE (et plus largement l'existence de toute chose) est limitée à la matière. C'est méconnaître totalement ce qu'est notre Source d'Être. Elle est tellement plus qu'une expérience limitée à une incarnation.

En admettant même qu'on puisse mettre de côté les réalités spirituelles, tout cartésien qui se respecte devrait critiquer logiquement cette pensée collective car si la science n'a sans doute jamais prouvé à ce jour l'existence de l'âme (quoiqu'elle fait des avancées phénoménales sur le sujet), elle n'a jamais prouvé non plus son inexistence.

Tout bon scientifique qui se respecte sait que CE QUI N'EST PAS PROUVE n'a pas plus de raison d'ÊTRE que de NE PAS ÊTRE.

Pourquoi alors certains continuent de croire que mourir est la fin de tout ? que naître c'est exister et que mourir c'est disparaître (alors que naître comme mourir ne sont que des versions différentes de la VIE) ?

CAR ILS EN ONT FAIT LEUR EXPERIENCE, soit par eux-mêmes, soit par leurs croyances du fait qu'on leur a répété cela depuis des décennies, des siècles, des millénaires et qu'ils ont décidé de faire de cette croyance extérieure leur expérience intérieure.

C'est une Loi immuable de l'Univers ne l'oublions pas : NOTRE REALITE EST CREEE PAR NOTRE EXPERIENCE.

Si vous décidez de ne pas croire en Dieu, pour vous Dieu n'existera pas. Pas parce qu'il n'existe pas dans la Réalité Absolue (car que vous le vouliez ou non Il est l'énergie créatrice d'intelligence-aimante qui vous constitue) mais parce que votre niveau de perception a créé votre réalité relative selon laquelle Dieu n'existe pas.

Si vous décidez de ne pas croire à l'enfer, vous n'en ferez pas l'expérience. Car pour vous l'enfer sera un concept qui ne correspond pas à Votre réalité.

C'EST DONC VOUS QUI CREEZ ET PERSONNE D'AUTRE.

VOUS AVEZ CE POUVOIR ET IL EST DIVIN. VOUS CHOISSISEZ SANS RESTRICTION LES CHOSES DONT VOUS SOUHAITEZ FAIRE L'EXPERIENCE. TOUT EST DONC QUESTION DE POINT DE VUE.

TOUTE REALITE EST PERSONNELLE AU MEME TITRE QUE TOUTE EXPERIENCE EST PERSONNELLE.

NOUS NE POUVONS FAIRE NÔTRE LA REALITE D'UN AUTRE SANS AVOIR FAIT L'EXPERIENCE DE SA VERITE.

Je répète avec d'autres mots : **NOUS NE POUVONS FAIRE NÔTRE LA REALITE DE QUELQU'UN D'AUTRE SANS AVOIR FAIT L'EXPERIENCE DU FAIT QUE LA VERITE DE CETTE AUTRE PERSONNE EST EGALEMENT VRAIE POUR NOUS.**

Nous pouvons méditer sur cela s'il le faut ; c'est une loi spirituelle universelle selon laquelle votre expérience/perception crée seule votre réalité et qui vous a déjà été expliquée plus haut sous un autre angle avec la parabole de l'oiseau bleu aux ailes de lumière.

ET SACHEZ QUE VOUS NE POURREZ CHANGER VOTRE EXPERIENCE SANS COMPRENDRE COMMENT VOUS L'AVEZ CREEE.

Or, bien souvent votre expérience est créée par votre MENTAL (VOTRE EGO) et non par votre ÂME.

C'est notre grand problème à tous en tant qu'Humains.

Donc au fond, si vous ne croyez pas à la « vie après la mort » ou que vous pensez que naître c'est l'inverse de mourir, c'est que votre mental n'en a pas fait l'expérience car votre ego a fait sienne une croyance collective sans la remettre en cause par votre propre expérience personnelle et intérieure. Votre ego vous fait croire qu'accepter la croyance d'un autre est la vérité donc cela devient votre expérience et par voie de conséquence cela devient donc votre réalité alors que vous n'avez souvent pas essayer de faire votre propre expérience de la vérité d'un autre.

VOUS CROYEZ DONC OU NE CROYEZ PAS A CAUSE DE CE QUI SE PASSE DANS VOTRE TÊTE, SANS CHERCHER A ECOUTER CE QUE VOUS DICTE VOTRE ÂME.

Pourquoi dit-on souvent que les enfants sont « purs » et que leur canal est ouvert pendant l'enfance ?

Car ils sont quasiment vierges de toute croyance extérieure qui polluerait leurs perceptions. En conséquence, leurs perceptions et donc leur expérience ne provient (presque)

que de leur être intérieur. L'influence extérieure est beaucoup plus limitée que celle d'un adulte.

Un enfant sait qu'il EST. Il ne cherche pas à devenir ce qu'on attend qu'il SOIT.

De ce point de vue, il est plus proche de sa Source d'Être que ne peuvent l'être la majorité des adultes dont le mental et les diktats sociaux ont fait taire la voix de leur âme.

Il en va de même pour les animaux. Ils sont à certains égards beaucoup plus spirituels que nous. Croyez-vous qu'un chien par exemple se préoccupe des choses matérielles et ait un propre avis sur lui-même ? Il se contente d'être chien et de vous aimer peu importe vos croyances, vos pensées et même vos comportements. Votre chien se fiche de savoir et/ou constater que vous êtes blanc, noir, petit, grand, chrétien, athée, que vous vous habillez en robe ou en jean, que vous soyez blond ou brun…, il vous aime sans conditions.

Nous sommes tous, adultes, jeunes et moins jeunes, embourbés dans notre réalité matérielle (moi le premier) et nous nous préoccupons de choses DEPOURVUES DE TOUTE IMPORTANCE sur le plan spirituel.

Si nous étions proches de notre Source d'être véritable, même en étant incarnés sur Terre :

1/ Nous serions constamment dans le non-jugement, la non-critique et n'entretiendrions pas de pensées négatives, par Amour pour nous et pour les autres. Si une pensée négative se glissait dans notre esprit, nous la chasserions ;

2/ Notre parole serait toujours impeccable ; nous ne causerions jamais de tort à autrui, par Amour ;

3/ Nous comprendrions Qui Nous Sommes Vraiment et nous nous aimerions profondément nous-mêmes afin de pouvoir aimer les autres sans conditions ;

4/ Nous ferions toujours de notre mieux avec une intention d'Amour, quel qu'en soit le résultat, quelle que soit la façon dont l'autre réceptionne notre message du moment qu'il a été envoyé avec un Amour sincère et véritable et toujours avec bienveillance ;

5/ Nous aimerions nos propres défauts, que nous accepterions avec auto-dérision et nous tolérerions de la même façon le comportement et les défauts des autres car nous saurions que l'ego agit bien souvent à leur place et que leur étincelle divine véritable est Amour. En acceptant Qui Nous Sommes et en nous autorisant à Être Qui l'On Est Vraiment, nous serions alors en capacité d'aimer pleinement les autres êtres Tels Qu'ils Sont ;

6/ Ce faisant, nous aimerions pleinement la Vie telle qu'elle Est, sous toutes ses formes, et nous ferions tout notre possible pour la préserver ;

7/ Nous pardonnerions à tout un chacun car nous saurions que le pardon est la voie des forts, le signe de la sagesse. Elle n'est jamais une faiblesse ;

8/ Nous ne pleurerions pas la mort d'autrui et nous ne craindrions pas notre propre mort, pas même un seul instant car nous saurions que la Vie est éternelle et qu'il n'existe rien en dehors de la Vie ;

9/ Nous comprendrions alors que Tout est vie et VIE-brations

10/ Nous ferions enfin tout le nécessaire pour ajuster notre vibration à Qui Nous Sommes vraiment, en faisant jaillir vers l'extérieur, à chacune de nos créations, la vibration d'Amour qui nous compose de l'intérieur.

Si vous vous sentez loin de tout ça (et c'est normal) c'est que votre mental vous a éloigné de votre Source d'Être (et votre Source d'Être est Amour car vous constaterez que l'Amour apparaît presque à chacun des 10 points ci-dessus). C'est le même mental qui vous fait croire que naître c'est vivre et que mourir c'est ne plus vivre alors que les deux sont des étapes du même voyage spirituel qu'est la VIE car il n'existe maintenant et toujours que la VIE sous de multiples formes.

Le parcours spirituel est propre à chacun. Il ne s'agit pas selon moi de faire mourir l'ego (contrairement à ce que certains peuvent dire) mais de vous rapprocher de votre Source d'Être en comprenant, avec l'EXPERIENCE, que l'ego est un outil nécessaire pour que votre âme puisse réaliser son incarnation mais qu'il n'est pas qui vous êtes. Il vous attribue des croyances dont vous n'avez pas fait l'EXPERIENCE et c'est là le danger.

VÔTRE ÂME EST LE SEUL MAÎTRE DU VOYAGE
ETERNEL DE LA VIE. TOUT LE RESTE N'EST
QU'ILLUSION.

10 – LA VIE EST UNE CREATION CONTINUELLE – L'EVOLUTION EST SANS FIN CAR VOTRE POUVOIR CREATEUR EST LE PLUS GRAND CADEAU DE DIEU

Voici la 10ème Vérité sur la mort : VOUS ÊTES CONTINUELLEMENT DANS L'ACTE DE CREATION, DANS LA VIE COMME DANS LA MORT. L'EVOLUTION EST SANS FIN.

Et voici le corollaire à cette 10ème Vérité : VOTRE POUVOIR CREATEUR EST LE PLUS BEAU CADEAU QUE DIEU VOUS AIT JAMAIS FAIT.

Il n'existe que la VIE, LA CREATION, L'EVOLUTION.

Tous ces mots désignent « Dieu ».

Rappelez-vous L'EQUATION DIVINE :

DIEU = VIE = AMOUR = LIBERTE = VERITE = CREATION = EVOLUTION = TOUT

Il n'existe rien en dehors de cette équation. Tout le reste n'est qu'illusion ou, dit différemment, tout le reste n'est que l'expérience d'une polarité inverse qui sert, dans votre réalité relative, d'apprentissage de ce qu'est Dieu (et donc de ce que vous êtes) par opposition à ce qu'Il/Elle n'est pas.

Chaque pensée, parole et action est créatrice, dans la Vie comme dans la Mort car je répète, il n'existe que la Vie. Le monde physique ou le monde spirituel c'est toujours LA VIE mais autrement.

La naissance et la mort sont les plus grands actes de création.

Il en faut du courage pour NAÎTRE, pour effectuer cette descente vibratoire et reprendre une vie physique dans un corps limité. Il en faut donc du courage pour votre âme pour quitter le monde astral dans lequel la pensée est immédiatement créatrice et décider d'expérimenter à nouveau les difficultés et les épreuves dans la matière à des fins de CROISSANCE SPIRITUELLE.

NAÎTRE EST DONC UN ACTE IMMENSEMENT CREATEUR ET COURAGEUX.

Si un jour vous n'arrivez pas à sortir la tête de l'eau et que vous sentez que vous sombrez, n'oubliez donc jamais que NOUS SOMMES, TOUS AUTANT QUE NOUS SOMMES, DES ÊTRES EXTRÊMEMENT COURAGEUX DU SIMPLE FAIT D'AVOIR DECIDE DE NOUS INCARNER (A NOUVEAU) SUR TERRE.

Et c'est pourquoi nous sommes accompagnés par nos guides dans nos parcours de vie, afin que nous puissions réaliser au mieux ce que nous sommes venus faire, ou plutôt ce que nous sommes venus être, ce que nous sommes venus expérimenter, pour nous définir à chaque instant dans la version la plus grandiose de la vision la plus haute de Qui Nous Sommes Vraiment.

MOURIR EST EGALEMENT UN ACTE IMMENSEMENT CREATEUR.

A la mort, (i) après avoir compris que vous n'êtes pas votre corps, (ii) après avoir fait l'expérience de vos croyances, (iii) vous rejoindrez votre Source d'être et toutes vos identités individuelles tomberont. Vous saurez que vous n'êtes pas vos pensées, que vous n'êtes pas vos croyances, que vous n'êtes pas que ce à quoi vous vous identifiez pendant votre incarnation. Vous comprendrez que vous êtes IMMENSEMENT plus que tout cela.

Vous retrouverez l'ensemble des connaissances de toutes vos « vies » et l'ensemble de votre conscience comme un paquet d'informations auquel vous aurez accès, toujours selon votre niveau de conscience.

EN CE SENS, LA MORT RETABLIT VOTRE IDENTITE VERITABLE.

Et votre identité véritable est l'Amour, sans souffrance d'aucune sorte. La souffrance ne fait pas partie de la Réalité Absolue mais de l'expérience qui est la vôtre dans le monde relatif. Autrement dit, vous la créez. Je vous renvoie à ce titre à l'un des messages des guides que je vous ai mis en fin d'ouvrage : *« Votre Âme ne recherche pas la souffrance ».*

En regardant le film de votre vie avec votre guide, vous observerez la souffrance sans la ressentir. Vous en serez l'observateur. Vous visionnerez vos pensées, paroles et actes sous le prisme de l'amour. Vous vous « jugerez » vous-mêmes. Personne ne le fera à votre place et surtout pas votre guide spirituel et encore moins « Dieu ». Vous vous demanderez : *« Ai-je suffisamment aimé ? »*. Vous comprendrez que la souffrance que vous vous êtes infligée n'était qu'illusion, qu'il aurait pu en être autrement, idem pour la souffrance que vous avez infligée aux autres.

De la même façon que pour la souffrance, tous les sentiments négatifs sont subjectifs, vous les créez vous-mêmes. Mais ils ne sont pas qui vous êtes.

L'impression de solitude par exemple, c'est également une création. Elle est réelle car vous l'expérimentez dans votre incarnation et donc vous décidez de la créer.

En « mourant », vous comprendrez pourtant que vous n'avez jamais été seul(es), pas même une seule seconde, même dans la pire de vos expériences terrestres (que vous aviez vous-mêmes choisie) et que vous avez en réalité toujours été guidé(es) conformément à vos choix, que vous avez été accompagné(es) à tout instant pour vous permettre de réaliser vos choix superconscients et à travers lesquels vous avez créé vos propres expériences et donc vos propres réalités, avec conscience toujours, car il n'existe aucune CREATION INSCONCIENTE. C'est un oxymore. Ce serait totalement incompatible avec les Lois de l'Univers. TOUT EST TOUJOURS PURE CONSCIENCE.

Votre Essence d'être est illimitée comme le sont l'Univers et la Création eux-mêmes. La Vie n'existe que parce qu'elle est création infinie.

Dès que vous CROYEZ être ou ne pas être quelqu'un ou quelque chose, vous êtes déjà dans la limitation.

Vous êtes pourtant des êtres créateurs, ce qui veut dire que vous créez à chaque instant. Vous êtes illimités et inconditionnels.

L'évolution est donc sans fin.

CREER c'est VIVRE et VIVRE c'est CREER.

VIVRE c'est ÊTRE et ÊTRE c'est VIVRE.

Tous ces mots sont substituables entre eux.

« VOUS ÊTES ».

C'est parce ce que vous êtes que vous vivez, que vous pensez, que vous dites, que vous faites, bref que vous CREEZ.

Au risque d'en choquer certains, Descartes avait tort lorsqu'il disait *« Je pense donc je suis ».* On n'EST pas parce qu'on pense, on pense parce qu'on EST.

Et ce que nous créons, nous le créons avec notre libre arbitre, c'est le plus beau cadeau que Dieu nous ait donné à tous.

C'est sa plus grande preuve d'Amour et c'est ce qui justifie qu'il n'interviendra jamais à notre place car cela reviendrait à nous prendre d'une main le pouvoir créateur qu'il nous a donné de l'autre. Or, Dieu nous aime trop pour nous reprendre son cadeau.

Je l'ai déjà dit mais le répète avec des mots différents :

A ceux qui me diront : *« POURQUOI DIEU, S'IL EST AMOUR INCONDITIONNEL, LAISSE-T-IL TOUTES CES HORREURS SE PERPETUER DANS LE MONDE ? »,*

Je leur répondrai ceci :

DIEU N'EST PAS UNE PERSONNE QUI PENSE DE FACON LIMITEE COMME NOUS.

DIEU EST UNE ENERGIE, LA PLUS HAUTE QUI SOIT.

LES HORREURS DE NOTRE MONDE NOUS LES AVONS CREEES NOUS-MÊMES. NOUS POUVONS DONC DECIDER DE LES DECONSTRUIRE POUR CONSTRUIRE UNE AUTRE REALITE. TOUT EST EN NOTRE POUVOIR.

DIEU EST L'ENERGIE D'AMOUR INCONDITIONNEL PUR LA PLUS HAUTE QUI SOIT ET SON PLUS BEAU CADEAU EST DE NOUS LAISSER LIBRE DE CREER NOTRE REALITE, A CHAQUE INSTANT DE L'ETERNEL PRESENT, DANS LA VIE COMME DANS LA MORT, AFIN QUE NOUS PUISSIONS COMPRENDRE QU'IL N'EXISTE PAS D'AMOUR SANS LIBERTE ET QUE CE DONT NOUS FAISONS L'EXPERIENCE, DIEU LE FAIT A TRAVERS NOUS.

DIEU EST EVOLUTION.

IL N'EST PAS LA POUR NOUS EMPÊCHER DE FAIRE ET ENCORE MOINS POUR FAIRE A NOTRE PLACE.

JE VOUS AI DIT QUE NOUS SOMMES A LA FOIS CREATEUR ET CREATION ET QUE NOUS SOMMES A CE TITRE LITTERALEMENT DES DIEUX.

QUELS DIEUX SERIONS-NOUS SI UN AUTRE DIEU PLUS FORT QUE NOUS POURRAIT NOUS EMPÊCHER DE CREER OU CONTRÔLER NOS CREATIONS ?

NOUS SERIONS DES DIEUX AU RABAIS.

CE N'EST PAS CE QUE NOUS SOMMES.

NOUS SOMMES UNITE.

LA SEPARATION ET LA SUPERIORITE N'EXISTENT PAS.

DIEU NOUS AIME TELLEMENT QU'IL NOUS A FAIT L'EGAL DE LUI-MÊME.

C'EST CA LE VERITABLE AMOUR.

IL A FAIT DE NOUS DES CREATEURS. SI NOUS NE SOMMES PAS CAPABLES DE LE COMPRENDRE C'EST QUE NOUS IGNORONS TOUT DE L'AMOUR.

DIEU NE NOUS REPRENDRA JAMAIS LE POUVOIR CREATEUR QU'IL NOUS A DONNE, SINON CELA VOUDRAIT DIRE QU'IL N'EST PAS DIEU. C'EST INCOMPATIBLE AVEC CE QU'IL EST, C'EST INCOMPATIBLE AVEC TOUTES LES LOIS DE L'UNIVERS.

Cela répond à la question, au demeurant beaucoup trop simpliste, du pourquoi Dieu laisse-t-il se perpétuer les horreurs et les souffrances dans notre réalité terrestre.

Nous sommes des Dieux. Nous sommes créateurs et créations infinis. L'évolution est sans fin.

On ne peut rester statique. Ce serait contraire à la Vie elle-même. Voilà pourquoi rien n'est statique. Toute est toujours en mouvement. La Vie est un mouvement perpétuel.

Nous sommes les atomes en mouvement dans le rocher faussement immobile qu'est Dieu.

Dieu s'exprime continuellement à travers nous et pour l'éternité. C'est son but et sa raison d'être : **SE CONNAÎTRE A TRAVERS NOUS CAR IL/ELLE EST NOUS et NOUS SOMMES LUI/ELLE.**

Dieu nous parle constamment et ce depuis la nuit des temps. Seuls nous décidons d'écouter ou de ne pas écouter ce que Dieu a à nous dire. A nous de comprendre que le langage de Dieu n'est pas forcément verbal, c'est avant tout un langage de sentiments et d'Amour, une vibration créative d'Amour pur, immensément plus riche que nos langues humaines.

Dieu nous dit de créer.

Si nous arrêtions de créer, nous arrêterions d'évoluer et donc de vivre.

COMPRENONS DONC QUE NOTRE POUVOIR DE CREATION INFINI EST LE PLUS BEAU CADEAU D'AMOUR ETERNEL QUE DIEU NOUS AIT

JAMAIS FAIT. EN NOUS FAISANT CE CADEAU, DIEU NOUS A MIS LA VIE ENTRE NOS MAINS, LITTERALEMENT. EN PLACANT LA VIE ENTRE NOS MAINS, IL Y A PLACE L'AMOUR, LA VERITE, LA LIBERTE, L'EVOLUTION PUISQUE TOUT CECI CE SONT SPIRITUELLEMENT LES MÊMES MOTS. DIEU NOUS A DONC FAIT CADEAU DE LUI-MÊME, DANS UNE EXPLOSION D'AMOUR ETERNEL ET SANS FIN POSSIBLE.

Remercions Le/Elle a chaque instant pour cela car il est impossible de recevoir plus beau cadeau,

Dieu/l'Univers nous a déjà tout donné et ce dès le départ. C'est simplement que nous n'en avions jamais pris conscience.

11- LA MORT EST REVERSIBLE

Voici la 11ème Vérité sur la mort : LA MORT EST REVERSIBLE

C'est l'une des Vérités les plus surprenantes à mon sens.

Je pense qu'elle en surprendra plus d'un.

Mais elle est la conséquence directe des Vérités n°1 (Mourir est un acte volontaire et programmé) et n°8 (le moment et les circonstances de la mort sont toujours parfaits).

Je vous avais expliqué qu'en mourant vous passez par trois stades :

- Vous comprenez que vous n'êtes pas votre corps car vous continuez d'exister sans lui et à l'extérieur de lui, comme une manteau que vous abandonnez au cours de votre voyage ;

- Vous faites l'expérience de vos croyances, ce qui veut dire que vous arrivez dans l' « au-delà » avec le niveau de conscience avec lequel vous avez quitté votre expérience terrestre. Vous pouvez mettre fin à votre expérience de l'enfer, du paradis ou de quelque croyance que ce soit en comprenant que vous n'êtes ni vos pensées, ni vos croyances ;

- Vous fusionnez avec votre Source d'être. Vous retrouvez l'intégralité de vos connaissances et de votre conscience d'Âme, non limitée évidemment à une seule incarnation. C'est pourquoi par exemple, même en ayant quitté notre monde jeune (prenez le cas d'un enfant), vous pouvez garder l'affectivité de qui vous étiez dans votre dernière vie mais votre conscience est immensément plus grande que celle de votre dernière incarnation puisque vous retrouvez votre conscience d'âme tout simplement, laquelle est la somme de vos multiples expériences successives (ou devrais-je dire la somme de vos expériences « séquentanées » puisque tout arrive successivement dans le présent). Un enfant qui retrouve sa conscience d'âme peut donc avoir la sagesse d'un adulte, c'est tout à fait logique du point de vue de la conscience de l'âme. Il faut donc accepter (comme c'est le cas de mon fils) qu'un enfant qui rejoint l'autre côté est à la fois l'enfant que vous avez connu mais qu'il est bien plus que la personne ayant joué le rôle de votre enfant dans sa dernière incarnation. J'entends par-là que votre propre niveau de conscience vous permettra de faire le « deuil » de votre proche, qui est à la fois ce qu'il a été mais qui est aussi immensément plus que ce à quoi votre mental peut le réduire. En d'autres termes, imaginez une orange qui représente votre Être Suprême, votre Âme. Chaque quartier de cette orange représente une incarnation. La vie de votre proche au cours de l'incarnation qui vient de se terminer pour lui est un quartier de l'orange. Ce quartier fait partie de l'orange mais l'orange ne se réduit pas à ce quartier. L'orange est constituée de l'ensemble des quartiers qui la composent, auxquels s'ajoutent les filaments et la peau qui relient les quartiers entre eux. Cette analogie vous permet d'approcher la notion de ce que peut être votre Être Suprême dont l'unité est égale à la somme des éléments qui la composent et même dépasse la somme des éléments qui la composent pour former votre Conscience individuelle d'âme.

Pourquoi est-ce que je vous rappelle ces trois stades par lesquels passe une âme après la mort du corps ?

Car au moment du 3ème stade, lors de votre fusion avec votre Source d'Être véritable, « on » (votre guide) vous posera une grande question et ce sera la déclaration de libre choix la plus importante que vous n'ayez jamais faite dans le cadre de votre expérience terrestre sur le point de s'achever.

Cette question s'appelle L'INTERROGATION SACREE :

« VEUX-TU RESTER ? »

Vous avez donc le choix de poursuivre la vie que vous venez de quitter dans la matérialité ou rejoindre le monde « spirituel » duquel vous provenez depuis l' « origine des temps ».

Si vous relisez la précédente Vérité sur la Mort, nous avions insisté sur le fait que votre LIBRE ARBITRE est le cadeau le plus précieux que Dieu vous ait donné car il détermine votre choix de CREER.

Ce cadeau, Dieu ne vous l'enlèvera jamais.

Ce qu'il faut comprendre en revanche, c'est que le choix de rester sur Terre ou de partir n'est pas un choix de votre « conscient » humain mais de votre « superconscient » d'âme.

Ainsi, si votre âme estime qu'elle a terminé ce qu'elle était venue faire sur Terre, elle partira.

Si en revanche, elle estime que son travail n'est pas achevé et que son « départ précipité » est un « accident de parcours », elle pourra décider de revenir dans son corps.

Si elle décide qu'elle en a terminé de son expérience terrestre, elle rejoint le monde spirituel et poursuit son parcours d'âme dans l'astral sur le plan vibratoire qui est le sien et qui lui est automatiquement « attribué » par l'Univers en fonction de son taux vibratoire et de son niveau de conscience. Elle pourra décider « plus tard », seule ou avec plusieurs membres de son groupe d'âmes, de faire une nouvelle expérience terrestre (ou non) en fonction de ces choix d'évolution etc et donc de réendosser un nouveau rôle d'acteur dans cette immense pièce de théâtre qu'est l'école de la vie terrestre…

Intéressons-nous maintenant au cas où l'âme décide qu'elle n'en a pas fini de sa dernière expérience terrestre et qu'elle décide de rejoindre son corps.

Elle retournera alors sur Terre UNE NANOSECONDE AVANT SA « MORT ».

De cette façon, lorsque vous vous surprenez à dire (parfois à plusieurs reprises dans votre vie) « **JE L'AI ECHAPPE BELLE** » en faisant un pas en arrière au moment où une voiture allait vous percuter ou que vous « **GUERISSEZ MIRACULEUSEMENT** » suite à une maladie grave, vous ne l'avez peut-être pas échappé SI BELLE QUE CA. Vous êtes peut-être mort mais avez choisi de revenir une nanonseconde avant l'événement en question ou de guérir « miraculeusement » pour reprendre l'expérience terrestre que votre âme avait estimé qu'elle n'avait pas terminée. Evidemment vous ne vous en rappelez pas consciemment. Mais votre mémoire d'âme sait que vous avez décidé de réintégrer votre expérience terrestre.

Vous comprenez donc que LA MORT EST REVERSIBLE car c'est une conséquence de votre LIBRE ARBITRE.

Et quand je dis LIBRE ARBITRE c'est toujours le libre arbitre de votre âme (= Qui Vous Êtes Vraiment), vous l'avez compris, et non le libre arbitre de la personne que vous croyez être (votre « faux » vous, votre ego, votre mental, votre identité terrestre).

Je ne demande à personne de croire cette Vérité selon laquelle LA MORT EST REVERSIBLE.

Elle est peut-être dure à avaler.

Je vous l'expose et chacun en fait ce qu'il veut, comme toujours. Je ne détiens aucun savoir absolu.

Mais si vous décidez d'en faire votre vérité ou ne serait-ce qu'imaginer que cela puisse être vrai, vous comprendrez que la « mort » n'est rien, non seulement parce qu'elle n'existe pas (la Vie se poursuit toujours et encore, éternellement, quelle qu'en soit la forme), mais aussi parce que ce que vous appelez la « Mort » peut survenir à l'intérieur même de votre vie terrestre.

On pourrait donc connaître une « GRANDE » MORT mais aussi des « PETITES » MORTS à chaque fois que notre âme aura décidé de réintégré son expérience terrestre pour finir ce pour quoi elle s'était incarnée dans sa « dernière vie », en répondant « OUI » à l'INTERROGATION SACREE et donc en répondant « OUI » à la question « VEUX-TU RESTER ? ».

Et je suis même persuadé (mais ça n'engage évidemment que moi) que nous sommes tous autant que nous sommes déjà morts au moins une fois dans le cadre de notre incarnation actuelle. Nous ne nous en rappelons pas, volontairement, pour la même raison que notre « MOI » ne sait pas pourquoi notre « JE » a décidé de s'incarner, à savoir pour ne pas fausser notre expérience terrestre et l'apprentissage d'âme (et donc L'EVOLUTION) que nous sommes venus connaître.

En effet, n'avez-vous jamais eu l'impression au moins une fois dans votre vie d'avoir « cassé votre pipe » ou d'avoir frôlé la mort (et je ne parle pas uniquement de ceux qui ont fait des EMI [expériences de mort imminente]) ?

Je suis sûr que vous avez eu ce sentiment au moins une fois dans votre vie.

Par exemple, j'ai moi-même eu un accident de voiture à mes vingt-et-un ans. Je suis sorti de la route, j'ai fait un vol plané et un arbre a retenu le châssis de la voiture qui s'est plié en deux et je me suis cassé le nez. Le fait est que j'étais sur une pente et qu'une rivière coulait au fond du dénivelé. Que ce serait-il passé si le châssis de la voiture n'avait pas percuté l'arbre ? Eh bien la voiture serait tombée directement dans la rivière. Je ne sais pas si je suis « mort » ce jour-là, je ne le saurais probablement jamais (en tout cas pas dans cette vie). J'ai probablement décidé de revenir car je n'avais pas terminé ce que j'avais à faire, qui sait.

Une autre fois, vers trente ans, j'ai eu un autre accident de voiture et je me suis cassé le pied. La voiture qui m'est rentrée dedans a brûlé un feu rouge et j'ai freiné brutalement pour finir par la percuter avec l'avant de mon véhicule. Que ce serait-il passé si j'avais freiné une seconde plus tard ou si la voiture était allée ne serait-ce que 5 km/h plus vite ? Elle m'aurait percuté sur la portière du conducteur et je ne serais probablement pas là pour vous en parler. Ce que je veux dire c'est que nous ignorons dans notre conscience du « MOI » si nous n'avons pas déjà usé de notre libre arbitre pour renverser la mort. Notre conscience du « JE » (notre âme) le sait.

De la même façon, un nourrisson, rescapé d'une naissance après que le gynécologue-obstétricien ait coupé in extremis le cordon ombilical enroulé autour de son cou n'a-t-il pas décidé de rester pour vivre son incarnation ? C'est une question que l'on peut se poser.

Quoi qu'il en soit, la réversibilité de la mort fait de cette 11ème Vérité une annonce spectaculaire. Savoir que chaque âme peut décider de renverser le processus même de la mort est spectaculaire. Après tout, ne sommes-nous pas dans une illusion ? Dans une micro-expérience terrestre insérée au sein d'une vie spirituelle immensément plus riche ?

Ne vous ai-je pas dit par ailleurs que nous sommes des Dieux à l'œuvre, que notre pouvoir de création est immensément puissant et que les circonstances, le lieu et le moment de la mort sont toujours PARFAITS ?

Le caractère réversible de la mort viendrait appuyer cette Vérité en vous démontrant la puissance de notre libre arbitre. Car les Vérités sur la mort, de même que toutes vérités spirituelles de façon générale, ne peuvent se contredire entre elles, pas en tout cas au niveau superconscient : le niveau de Qui Vous Êtes Vraiment.

Notre « MOI » ne connaît pas en détails les raisons de notre présence sur Terre. Notre « JE » les connaît parfaitement puisque c'est lui qui les a choisies.

J'ignore le parcours spirituel de chacun car chacun le décide et il est aussi varié qu'il y a d'êtres humains sur Terre.

Ce que je peux vous dire en revanche c'est que j'ai l'intime conviction que notre présence à tous sur Terre a un dénominateur commun : faire l'expérience de l'AMOUR, donner aux autres et AIMER.

C'est la raison fondamentale de nos incarnations, quels que soient les chemins spirituels de chacun.

Ne vous ai-je pas dit également que NAÎTRE et MOURIR n'étaient pas si différents, que les deux étaient des actes hautement créatifs ?

Lorsqu'après un « certain temps » dans le monde spirituel, vous déciderez de retourner à la physicalité pour faire à nouveau l'expérience de vos connaissances, la même INERROGATION SACREE vous sera dès lors posée par votre guide mais dans le sens inverse : « SOUHAITES-TU RETOURNER DANS LA MATIERE OU RESTER ICI ? ».

La réponse dépendra de vous, toujours avec votre libre arbitre car je le dis et le répète : IL N'Y A PAS D'AUTRE CREATEUR DE VOTRE REALITE QUE VOUS-MÊMES. VOUS ÊTES LES DIEUX A L'ŒUVRE.

Contrairement à ce que certains soutiennent, je ne crois donc pas personnellement à l'obligation de réincarnation de l'âme car c'est pour moi une vision beaucoup trop simpliste des choses. L'âme le choisit toujours. Et si l'âme choisit de se réincarner, c'est que son EVOLUTION le commande. Il faut donc davantage résonner en termes d'EVOLUTION plutôt qu'en termes d'OBLIGATION. L'OBLIGATION est une illusion de l'ego. Nous ne sommes jamais obligés de rien. Ce que nous faisons, nous le choisissons.

Pourtant, on entend parfois des gens dire : « *Ah non, même si je dois encore me réincarner, moi je ne veux plus revenir sur Terre* ». Votre mental le pense. Ce ne sera pas forcément le choix de votre âme. En effet, votre âme, contrairement à votre mental, résonne en termes d'EVOLUTION. Votre âme ne DOIT pas se réincarner. Elle se réincarne SI ELLE LE SOUHAITE (LIBRE ARBITRE). Et elle le souhaitera si elle si cela va dans le sens de son EVOLUTION.

Quoi qu'il en soit et en définitive, si la mort est réversible, c'est qu'elle est un leurre et qu'il n'existe finalement QUE LA VIE en toutes circonstances. C'est l'information principale à retenir.

12 – DANS LA MORT VOUS SEREZ ACCUEILLIS PAR TOUS VOS PROCHES

Voici la 12ème et **DERNIERE Vérité sur la mort ET DE LOIN MA PREFEREE : DANS LA MORT, VOUS SEREZ ACCUEILLIS PAR TOUS VOS PROCHES**

C'est une vérité réconfortante quand son sait que DIEU est AMOUR et que la vibration d'Amour est le ciment de l'Univers.

Mais la seconde partie de la Vérité est plus surprenante :

Vous serez accueillis par vos proches qui sont morts avant vous MAIS AUSSI PAR CEUX QUI MOURRONT APRES VOUS.

Si vous avez suivi les enseignements sur la mort, vous ne devriez pas être décontenancés car n'oubliez pas que le TEMPS EST UNE ILLUSION propre à notre monde relatif, empreint de matérialité.

Tout arrivant dans L'INSTANT PRESENT, il n'existe ni passé ni futur. Je vous invite à ce titre à lire *« Le Pouvoir du Moment Présent »* **d'Eckhart Tolle,** pour ceux qui ne le connaissent pas. C'est selon moi une référence absolue en la matière.

Vos proches (grands-parents, parents, enfants partis trop tôt...) morts avant vous vous accueilleront dans l' « au-delà » car vous êtes éternellement liés à eux par l'Amour. Vos vibrations s'accordent et se répondent. Ceux qui mourront APRES VOUS pourront aussi vous retrouver de l'autre côté si tel est leur souhait et le vôtre car leur Source d'être est éternellement présente pour votre Âme.

Plus précisément, ce n'est pas parce qu'un quartier de l'orange est incarné que l'Être Suprême auquel il est relié ne peut pas être contacté depuis la réalité astrale. Certains médiums me contrediront certainement et je n'ai pas leur expérience pratique. Ce que je vous dis n'est donc que mon point de vue et n'engage que moi mais j'ai tout de même toute liberté de vous l'exposer. Dans la mesure où notre Être spirituel est infini, illimité et surtout multidimensionnel, pour moi les Lois de l'Univers sont totalement compatibles à ce que l'absence d'espace-temps puisse nous permettre de rejoindre nos proches dans l' « au-delà », quelle que soit la temporalité de leur départ puisque le TEMPS est une illusion totale.

Par ailleurs, n'oubliez pas que les incarnations se font souvent par famille d'âmes issues d'un même noyau au sein de la Source et que les âmes d'une même famille, qui se connaissent bien, s'entre-aident mutuellement pour se spiritualiser (monter en vibrations, évoluer…). Si votre fils joue le rôle de votre enfant dans cette incarnation, il était donc peut-être votre frère dans une incarnation précédente et il sera peut-être votre père dans une prochaine incarnation, en fonction de ce que vous aurez décidé ensemble de venir travailler les uns et les autres.

De ce point de vue, vous ne savez peut-être pas encore dans l'incarnation que vous vivez actuellement qu'une âme connue de votre Groupe d'âmes viendra jouer le rôle de votre père dans une prochaine incarnation. Pour autant, vous retrouverez cette âme lorsque vous rejoindrez l'astral et que vous déciderez avec elle de votre prochain parcours.

De la même façon, si vous êtes mort avant votre enfant et que ce dernier est toujours sur Terre au moment où vous rejoignez l'au-delà, son essence d'être (Être Suprême) est présente de l'autre côté. Etant des êtres multidimensionnels échappant à tout espace-temps, notre présence en tant qu'êtres incarnés sur Terre n'équivaut donc pas à notre absence totale sur un autre plan d'existence même si notre niveau de conscience arrive difficilement à l'appréhender.

Pour en revenir à un cas simple, si vous adoriez votre grand-père et qu'il vous aimait aussi, vous le retrouverez à votre départ de l'autre côté.

Il viendra vous accueillir.

Car vous êtes lié à lui par une vibration d'Amour éternel.

A la fin de nos « vies » terrestres, nous pourrons donc saluer et prendre dans nos bras tous ceux et toutes celles que nous avons aimés, que nous aimons et que nous aimerons dans des vies futures (qui sont des vies « parallèles » temporellement parlant). Nous les saluerons de façon « SEQUANTANEE », dans l'éternel instant présent de nos Sources d'Être.

Nous serons unis avec toutes les âmes avec lesquelles nous avons jamais voyagé, avec lesquelles nous voyageons actuellement et avec lesquelles nous voyagerons dans le « futur » puisque tout arrive maintenant, parallèlement et « séquentanément » à tout.

La seule condition est la vibration d'AMOUR.

Je l'ai dit lors de ma conférence sur *« Le Deuil Paternel »* en janvier 2024 à l'Association *« L'Envol d'un Ange »* de Christine Rousseaux et Sabine Jacob :

CEUX QU'ON AIME SONT ETERNELLEMENT RELIES A NOUS.

C'est une loi immuable de l'Univers car l'Univers fonctionne par vibrations et il n'en existe pas de plus forte que la vibration d'Amour.

Je n'en dirai pas davantage dans cet ouvrage, ce sans quoi il atteindrait d'innombrables pages mais je vous invite à lire :

- *« Conversations avec Dieu, Retour à Dieu »* de **Neale Donald Walsch** dans lequel vous retrouverez le dialogue entre Dieu et l'auteur sur les Vérités sur la mort telles que je les aborde avec vous dans ce livre avec mes propres mots et explications, vérités et expériences. De manière générale, je vous invite à lire l'ensemble des livres *« Conversations avec Dieu »*. Lisez-les pour ce qu'ils représentent : une immense source de réflexion spirituelle sur la création et le sens de la vie de manière générale. Je pense même que n'importe qui s'intéressant à la spiritualité doit avoir lu un jour ces livres ;

- le formidable ouvrage **d'Annie Besson** *: « La Vie des Enfants dans l'Au-delà »* qui recense les messages qu'elle canalise en écriture automatique de nos petits anges de l'au-delà et vous comprendrez que les enfants (et plus généralement tous nos proches que nous avons aimés sur Terre) sont reliés éternellement à nous par ce fil d'or, cette vibration inépuisable qu'est l'Amour. C'est un livre à la fois très pragmatique et tellement chargé en émotion ; un livre unique en son genre où la parole est donnée aux enfants de l'au-delà et à travers lequel vous comprenez le caractère totalement illusoire de la mort.

Les enfants grandissent dans l' « Au-delà », ils ont une vie comme vous l'avez sur Terre. Ils ne reposent pas en paix pour l'éternité comme vous le laissent croire les religions. Ils sont toujours auprès de vous, au niveau de votre maison : pourquoi en serait-il différemment ?

Ils ont des activités : ils vont à l'école, ont des enseignants spirituels, ont des éducateurs, font de la peinture, de la musique, ils manipulent les couleurs et les sons… qui sont immensément plus riches que ce que nous connaissons sur Terre.

Ils vous entendent et vous voient même si vous ne pouvez les voir. Leur pensée étant immédiatement créatrice, ils se retrouvent connectés à vous INSTANTANEMENT dès que vous pensez à eux. Il n'y a donc pas de « TEMPS » horizontal comme chez nous sur Terre.

Rappelez-vous qu'ils n'ont pas de corps. A quoi servirait le temps (dans le monde astral) sans corps ?

La vitesse de la pensée est plus rapide que la vitesse de la lumière.

Nos envolés peuvent même être connectés à plusieurs personnes en même temps. Ce sont des êtres illimités. Nous le sommes aussi mais notre vêtement de chair nous l'a fait oublier tant qu'on expérimente la création dans la matière.

Je vous donne un exemple de ce que je vous dis ici suite à un contact médiumnique avec mon fils réalisé par Martine Thouez (Natty Thou) le 26 août 2024 :

Mon fils est très content que je parte un peu en vacances avec ma femme et ma fille pour m'aérer l'esprit.

Il me dit qu'il sera avec nous pendant les vacances mais qu'il sera aussi avec son petit frère qui sera gardé à la maison par les grands-parents.

Mon fils dit que tout en étant avec nous, il peut être avec son petit frère.

Natty Thou répond : *« Eh oui, en volant à la vitesse de la lumière on peut être partout en même temps ».*

Mon fils rit et ajoute : *« T'as tout compris Martine ».*

Pour en revenir à vos proches ayant quitté notre dimension terrestre, ils vous aiment tant et aimeraient tellement que vous puissiez trouver le réconfort de les savoir vivants et heureux.

Si vous vous ouvrez à ces réalités, vous aurez des signes, vous pourrez probablement ressentir leur présence énergétique à vos côtés. Vous pourrez même avoir des petits picotements sur les joues : ce sont des bisous énergétiques de leur part, comme je vous l'ai indiqué en début d'ouvrage.

Leur amour pour vous est si élevé. Ils vous aiment d'un amour pur.

Vous les retrouverez tôt ou tard et vous pourrez continuer à vous aimer pour l'éternité, si tel est votre choix. C'est votre libre arbitre, ne l'oubliez pas. C'est le cadeau que Dieu vous fait : il en sera tel que vous le déciderez.

En attendant, la vie est belle, vivez vos vies. Faites-le pour eux, par Amour. Ils sont besoin de vous savoir heureux pour qu'ils puissent briller davantage et irradier le ciel d'une lumière d'Amour étincelante et inépuisable.

***

Je vous ai désormais enseigné tout ce que j'avais à vous transmettre sur les douze Vérités concernant la mort, imminemment liées à l'éternité de nos Êtres divins.

En comprenant ce qu'est la mort et surtout ce qu'elle n'est pas, on comprend ce qu'est la Vie et on s'éveille aux réalités spirituelles les plus grandioses.

N'ayez pas peur du grandiose car il est ce que vous êtes et vous êtes plus encore que cela. Vous êtes tout ce que vous souhaitez être.

Shakespeare écrivait dans « *Hamlet* » : « *Il y a plus de choses dans le ciel et sur la terre, Horatio, que n'en imagine ta philosophie* ».

C'est ce que vous promet l'au-delà et c'est ce que vous offre Dieu : le grandiose dans l'expression libre de votre vie et de votre pouvoir illimité de création sous toutes ses formes, à un tel point qu'il n'est pas possible pour vous de l'imaginer.

Je vous ai écrit ce livre une sincérité et une émotion profonde, sans vouloir faire vôtres mes vérités. Prenez donc ce qui résonne en vous et laissez-le reste.

J'espère en tout cas, pour ceux qui en douteraient encore, avoir éveillé en vous la compréhension de notre nature spirituelle et du fait que notre « JE » véritable n'est pas notre « MOI » terrestre.

J'espère que vous aurez la conscience de comprendre que nous avons été, nous sommes et nous serons toujours des êtres divins, illimités et éternels, forgés du même matériau d'Amour que Dieu Lui/Elle-même duquel/de laquelle nous ne sommes jamais séparés.

J'espère qu'à travers ces explications sur la Mort vous comprendrez qu'il a toujours été question de VIE et d'AMOUR et que nous ne sommes rien d'autre que les extensions divines de l'Amour-intelligent ou de l'intelligence-aimante de l'Univers.

Aimez vos proches disparus, continuez de leur parler, racontez leur votre journée, continuez de les faire exister car ils sont bien là auprès de vous même si leur plan vibratoire ne vous est pas toujours accessible.

Si vous projetez votre pensée vers eux, ils la captent, n'en doutez pas.

D'une certaine façon, je pense même que nos défunts sont bien plus « vivants » que nous. Ils vibrent de Vie et d'Amour, bien plus que ce que nous sommes capables d'en exprimer et d'en donner sur Terre.

De ce point de vue, on peut même se poser la question : est-ce que c'est eux ou nous qui sommes en réalité les plus « morts » ?

Leurs vibrations d'amour véritable sont autrement plus élevées que les nôtres sur Terre.

N'oubliez pas que tout est vibrations, tout est énergie, l'Univers est énergie : votre corps, votre canapé et votre table basse sont eux-mêmes énergies vibrant à une certaine fréquence et donnant l'illusion de solidité dans notre monde matériel.

Et surtout, n'oubliez pas que **LA MORT N'EXISTE PAS.
IL N'EXISTE QUE LA VIE ET L'AMOUR,
ETERNELLEMENT.**

CONCLUSION

Nous sommes des êtres illimités, inconditionnels et éternels.

Nous sommes (tels) Dieu, à la fois les créateurs, les créations et le processus de création de toutes nos réalités.

Nous expérimentons ce que nous créons pour nous définir chaque jour dans la version la plus grandiose de la vision la plus haute que nous n'avons jamais entretenue à propos de Qui Nous Sommes Vraiment.

Notre pouvoir de création libre (via le libre arbitre) est le cadeau le plus merveilleux que Dieu nous a offert puisqu'il fait littéralement de nous des Dieux. Il nous permet de nous recréer à neuf à chaque instant, en faisant fi du passé puisque le plus important est qui nous décidons d'être MAINTENANT.

J'ai alors gardé pour vous ce merveilleux message des guides pour la fin. Je l'ai reçu la nuit du 30 au 31 août 2024 :

« Vous pouvez avoir été sans que cela ne détermine qui vous serez. Car vous choisissez qui vous êtes et ce choix se fait toujours dans le présent ».

Ce message est fort en vérités spirituelles car il contient à lui seul un rappel du caractère illusoire du temps, un rappel des principes divins de non-jugement et de non-condamnation (peu importe qui vous avez été, ce qui compte c'est qui vous décidez d'être maintenant) eux-mêmes indissociables de l'Amour inconditionnel que Dieu nous porte, et il met enfin en exergue la puissance de votre LIBRE ARBITRE, à chaque instant.

Car oui, nous sommes **LIBERTE**.

Et nous sommes aussi **VERITE**.

Nous sommes **VIE**.

Nous sommes **PAIX**.

Nous sommes **JOIE**.

Nous sommes **AMOUR**.

NOUS SOMMES.

Alors soyons, à chaque instant de l'éternel présent. Et ne laissons personne nous dire Qui Nous Devons Être.

Ce Que Nous Sommes au fond de nous-mêmes à toujours à voir avec l'Amour. Notre libre arbitre peut faire que nous nous y éloignons de prime abord mais plus notre niveau de conscience augmentera et plus nous comprendrons que nous ne pouvons renier qui nous sommes en essence et que l'Amour est le ciment de la Création.

Comme le dit mon fils : *« La vie est belle. Il faut la savourer à chaque instant avec Amour »*.

L'Amour c'est notre souffle de vie. Il alimente l'énergie divine et éternelle, créatrice de l'Univers en perpétuelle évolution, dans un cycle de vie infini.

Dieu étant Vie et Amour, la Vie ne peut être autre chose que la Vie.

La mort est une illusion.

Ce faisant, vos proches sont auprès de vous, ils ne vous quitteront pas. On ne quitte JAMAIS ceux et celles qu'on aime. On est connectés à eux vibratoirement, énergétiquement, pour l'éternité.

Nous avons l'éternité pour nous aimer.

Nous aimer c'est tout ce qui compte et c'est tout ce qui comptera jamais.

C'est ainsi que l'on crée et que l'on alimente l'énergie de Dieu.

Alors comment ne pas t'aimer fiston ?

Tu es L'AMOUR PUR et j'ai eu la chance de connaître cela.

Tu es l'étoile filante qui m'a raccroché à mon être, qui m'a rendu à moi-même.

Tu m'as donné tant d'amour qu'il m'en reste pour les millénaires à venir et je souhaite à chacun d'entre vous, qui lisez ces lignes, de recevoir autant d'amour que j'en ai reçu et que j'en reçois toujours de mon fils.

Je me sens rempli de lui à jamais.

Je l'aime tant.

Je pourrais lui écrire les plus beaux poèmes et prononcer les plus belles paroles que même en maniant les mots ils ne resteraient que des mots qui ne seront jamais à la hauteur de notre Amour.

Je n'ai plus qu'à poursuivre mon chemin, continuer à évoluer, vivre ma vie jusqu'au bout et faire ce pour quoi je suis revenu, jusqu'à le rejoindre et le serrer contre mon cœur dans une étreinte éternelle.

Vous en ferez de même avec tous ceux et toutes celles que vous aimez: vous les rejoindrez et les serrerez contre votre cœur dans une étreinte qui n'en finira pas, dans une explosion d'Amour en perpétuelle expansion, comme l'Univers.

QUELQUES SIGNES DE MON FILS...

QUELQUES MESSAGES DE MON FILS…

> **Ecriture automatique par Bruno Fourdrinier le 28 janvier 2024 :**

« Dis à mon Papa qu'il arrête de pleurer, je suis toujours avec lui. Je t'aime Papa ».

> **Contact (Sarah Nour) du 1ᵉʳ février 2024 :**

« JE T'AIME PAPA.

Il y a des ailes dans mon dos ».

➢ **Contact médiumnique (Natty Thou) du 07 mars 2024 :**

« Mon Papa il est fort. C'est un héros ».

➢ **Message reçu en direct le 16 mars 2024 (hypnose) :**

« Papa tu as encore beaucoup de choses à faire sur Terre mais quand tu viendras me rejoindre là-haut, je m'allongerai sur ton cœur pour l'éternité ».

➢ **Contact médiumnique (Natty Thou) du 15 mars 2024 :**

« Moi je suis un ange là-haut. Et toi tu es un ange sur Terre.

Tu es mon héros ».

➢ **Contact médiumnique (Natty Thou) du 25 mars 2024 :**

« Je t'aime mon Papa.

Papa je vais t'envoyer une étoile ce soir.

[...]

Tu as fait un grand chemin Papa, tu en es remercié grandement, tu auras des signes, de plus en plus.

[...]

Les bébés ils sont heureux, ils ont choisi comme moi de partir.

[...]

Il faut être LIBRE, pas d'attachement aux choses matérielles bien sûr, et même aux humains, Libérez-vous, détachez-vous. Vous n'Êtes Qu'UN.

L'Amour [il faut être guidé par l'Amour]. Les portes s'ouvrent. Les peurs sont des murs.

[...]

Si mon Papa suit une personne qui a peur, il prendra le même chemin.

[...]

Tu es parfait mon Papa, tu es amour ».

➢ **Contact médiumnique (Natty Thou) du 12 avril 2024 :**

« Tu es dans le Vrai. N'en doute jamais. Ton chemin est dans le vrai. Tu es lumière, tu es lumineux, tu me fais briller, tu es mon soleil ».

➢ **Contact médiumnique (Natty Thou) du 19 avril 2024 :**

« Bravo mon Papa, je suis tellement fier de toi. Tu es mon héros

[...]

Martine [Natty Thou] n'a pas tort. Tu es dans l'intellect mais tu pourras tourner les phrases pour te faire comprendre.

Tu es dans l'amour c'est ce qui compte.

[...]

Vous allez y arriver. Vous êtes une bonne équipe.

Avec l'amour on peut tout ».

> ➤ **Contact médiumnique (Natty Thou) du 21 avril 2024 :**

« La vie est belle. Il faut la savourer à chaque instant avec Amour ».

> ➤ **Contact médiumnique (Natty Thou) du 23 avril 2024 :**

[Je demande à mon fils s'il accepte que je publie certains de nos contacts sur notre page « La Voix des Messagers »]

« Oui, avec grand plaisir. Tout ce qui nous représente avec Amour il faut le partager. Je t'aime mon Papa d'amour tu es le plus grand. Tu fais du bien partout où tu passes et laisse de la douceur, sagesse et beaucoup d'amour, tu fais du bien.

Merci d'être à mes côtés et de me permettre d'avancer en toute tranquillité et toujours avec bienveillance.

Je vous aime et vous suis sur votre page 'La Voix des Messagers'.

N'arrête pas de divulguer tes expériences avec moi, ça va faire du bien à ceux qui sont dans la peine.

N'oublie pas que la sagesse et l'amour feront toujours partie de toi à présent. Tu es un sage.

Je t'envoie des milliers de bisous et te dis à très bientôt ».

➢ **Contact médiumnique (Christine Rousseaux) du 05 juin 2024 :**

Mon fils indique qu'il est fier d'avoir été dans cette courte vie notre enfant. Il rajoute que c'est lui qui nous a choisis sa mère et moi. Il savait que ce serait court mais beau.

> ## Contact médiumnique (Natty Thou) du 23 juin 2024 :

[Mon fils s'adresse à moi et à Natty Thou]

« Je vous aime, vous le savez, mais comme je le sais sur cette Terre vous avez toujours besoin qu'on vous le dise et répète ».

> ## Contact médiumnique (Natty Thou) du 26 juillet 2024 :

« Mon Papa d'amour, je suis là à vos côtés avec ma maman, je ne vous quitte pas ma sœur et mon petit frère aussi.

Je veux que tu saches que je suis extrêmement fier de ton parcours de force, sagesse et droiture. Tu es vraiment mon héros Papa.

[…]

La vie est belle et il faut lui sourire.

Tu es beau mon Papa, je suis tellement heureux d'être ton fils et je ne te quitterai jamais ».

> ➤ Ecriture automatique (Annie Besson) du 15 août 2024 :

« Papa, tu me sens toujours. Ici, l'Amour est vécu autrement et plus fort que celui des humains sur Terre. Je t'aime de cet Amour très fort, maman aussi et toute la famille. Je vous aide tous ».

> ➤ Contact médiumnique (Christine Rousseaux) du 16 août 2024 :

« Papa écris ! Fais un livre pour expliquer l'Amour et la connexion qu'il y a entre nous. Pour faire du bien aux gens. Pour faire du bien aux papas et aux mamans. Je suis heureux Papa tu le sais déjà. Tu regardes les étoiles et je brille ».

➢ Contact médiumnique (Natty Thou) du 26 août 2024 :

Mon fils est très content que je parte un peu en vacances avec ma femme et ma fille pour m'aérer l'esprit.

Il me dit qu'il sera avec nous pendant les vacances mais qu'il sera aussi avec son petit frère qui sera gardé à la maison par les grands-parents.

Mon fils dit que tout en étant avec nous, il peut être avec son petit frère.

Natty Thou répond : *« Eh oui, en volant à la vitesse de la lumière on peut être partout en même temps ».*

Mon fils rit et ajoute : *« T'as tout compris Martine ».*

QUELQUES MESSAGES DES GUIDES...

> **Messages des guides de mon fils qui m'ont été adressés en TCI (transcommunication instrumentale) par l'intermédiaire de Manu Delpech et Lisa Béranger à l'Association *« L'Envol D'un Ange »* le 05 mai 2024 :**

Mon fils *« va très bien »*.

« Bonne lumière c'est une étoile ».

« Il est heureux ».

Ecoutez par vous-mêmes :

https://www.youtube.com/watch?v=qPvIcjMx1D0

NB : Vous pouvez retrouver une publication entièrement dédiée à la TCI sur la page « La Voix Des Messagers »

*(LVDM) (lien en fin d'ouvrage au chapitre « **SITE DE L'AUTEUR** »).*

➢ **Guidance (Sarah Nour) du 1ᵉʳ février 2024 :**

« TU ES LIBRE ».

➢ **Messages reçus en direct :**

- **11 mars 2024 :** *« Chaque jour de ta vie où tu contribueras à faire de ce monde un monde meilleur, tu oeuvreras pour Dieu ».*

- **07 avril 2024 :** *« Il faut donner le meilleur de nous-mêmes au moment où on le donne ».*

- **09 avril 2024 :** le projet s'appellera *« La Voix des Messagers ».*
  « L'Amour n'est pas quelque chose qu'on A mais quelque chose qu'on EST. Donner de l'Amour c'est donner une part de soi-même ».

- *27 avril 2024 : « Lorsque tu mets de l'amour dans tout ce que tu fais, il en ressort un bénéfice plus grand que le but recherché ».*

- *09 mai 2024 : « To be born we must know we have no beginning » [Pour naître, nous devons savoir que nous n'avons pas de commencement]*

- *20 mai 2024 : « Tu n'as besoin de rien pour être heureux. Le seul dont tu as besoin pour être heureux c'est de toi-même ».*

- *02 juin 2024 : « Soyez l'Amour pour ensuite le distribuer. Vous ne pourrez le distribuer sans l'incarner totalement ».*

- *11 juin 2024 : « Je voudrais un monde où chacun pourrait avancer à son rythme, sans être jugé ».*

- *03 juillet 2024 : « Toute création est une forme de conscience ».*

- *10 août 2024 : « Votre façon d'appréhender l'avenir dit qui vous êtes dans le présent ».*

- *16 août 2024 : « Votre âme ne recherche pas la souffrance ».*

- *22 août 2024 : « Ce qui est amusant avec l'être humain c'est qu'il ne sait pas qu'il est impossible de trouver l'éternité tant qu'il n'est pas lui-même convaincu de l'avoir trouvée ».*

- *24 août 2024 : « Ce dont on n'a pas fait l'expérience reste à l'état de connaissance ».*

- *27 août 2024 : « La connaissance n'est rien sans la conscience permettant de l'exploiter »*

- *29 août 2024 : « Pour que le monde aille mieux, nous devons casser ces schémas de peur qui nous gouvernent »*

- *31 août 2024 : « Vous pouvez avoir été sans que cela ne détermine qui vous serez. Car vous choisissez qui vous êtes et ce choix se fait toujours dans le présent ».*

BIBLIOGRAPHIE

- *« La Vie des Enfants de l'Au-delà »*, Annie Besson

- *« Conversation avec Dieu, la trilogie complète »*, Neale Donald Walsh

- *« Conversation avec Dieu, Retour à Dieu »*, Neale Donald Walsh

- *« Les Lettres du Christ »*, Auteure anonyme

- *« Le Pouvoir du Moment Présent »*, Eckhart Tolle

TABLE DES MATIERES

REMERCIEMENTS page 4

PREFACE   page 8

AVANT PROPOS page 10

INTRODUCTION page 14

CHAPITRE I   18

LES SIGNES ET LES MANIFESTATIONS page 18

CHAPITRE II   page 60

LE PROJET « LA VOIX DES MESSAGERS » page 60

CHAPITRE III   page 64

LA VERITABLE NATURE DE DIEU page 64

1– QUI EST DIEU ? (OU QU'EST-CE QUE DIEU ?) page 64

2– QU'EST-CE QUE L'EQUATION DIVINE ? page 96

3– QUELLES IMPLICATIONS DE NOTRE COMPREHENSION DE DIEU DANS NOTRE QUOTIDIEN ? page 101

4– QUELS CADEAUX DIEU NOUS A-T-IL OFFERT ? page 110

CHAPITRE IV   page 119

POURQUOI CHOISISSONS-NOUS DE NOUS INCARNER ? page 119

CHAPITRE V   page 129

LES VERITES SUR LA MORT page 129

1- MOURIR EST UN ACTE VOLONTAIRE, PROGRAMME ET ORCHESTRE page 133

2– ON NE PEUT MOURIR CONTRE SON GRE page 136

3– AUCUN CHEMIN DE RETOUR N'EST MEILLEUR QU'UN AUTRE page 138

4– LA MORT EST TOUJOURS UN CADEAU page 151

5– VOUS NE FAITES QU'UN AVEC DIEU, IL N'EXISTE AUCUNE SEPARATION page 164

6– LA MORT N'EXISTE PAS page 171

7– LA VIE EST ETERNELLE page 181

8– LE MOMENT ET LES CIRCONSTANCES DE LA MORT SONT TOUJOURS PARFAITS page 184

9– LA NAISSANCE ET LA MORT SONT UNE SEULE ET MÊME CHOSE page 193

10– LA VIE EST UNE CREATION CONTINUELLE – L'EVOLUTION EST SANS FIN CAR VOTRE POUVOIR CREATEUR EST LE PLUS GRAND CADEAU DE DIEU page 205

11-LA MORT EST REVERSIBLE page 217

12– DANS LA MORT VOUS SEREZ ACCUEILLIS PAR TOUS VOS PROCHES page 230

CONCLUSION page 243

QUELQUES SIGNES DE MON FILS page 248

QUELQUES MESSAGES DE MON FILS page 254

QUELQUES MESSAGES DES GUIDES page 263

BIBLIOGRAPHIE page 267

TABLE DES MATIERES page 268

SITE DE L'AUTEUR page 270

SITE DE L'AUTEUR

Retrouvez toutes les publications de *« La Voix Des Messagers »* (LVDM) sur :

https://www.facebook.com/profile.php?id=6155840949682
8

© Stéphane MARTINS, 2024
Édition : BoD • Books on Demand GmbH, In de Tarpen 42,
22848 Norderstedt (Allemagne)
Impression : Libri Plureos GmbH, Friedensallee 273, 22763
Hamburg (Allemagne)
ISBN : 978-2-3224-7738-8
Dépôt légal : Septembre 2024